ささる

引用フレーズ辞典

堀越英美

笠間書院

はじめに

引用はかっこいい。

このことに気づいたのは、高校生のころ、書店で見かけた名も知らぬフランス人作家の恋愛小説の新刊を何気なく手に取ったときでしょうか。その小説の1ページめにはたった一行、日本の俳句が記されていました。

行く人の霞《かすみ》になつてしまひけり　正岡子規

「かっこいい！」この一行だけですっかり胸を射貫《いぬ》かれた私は、気づくと本を手にレジに直行していました。

もともと俳句が好きだったわけではありません。国語の教科書で同じ句を見かけたとしても、「明治時代のいかついおじさんが書いた不思議な文字列」としてスルーしていたでしょう。謎めいた句が「現代を生きるフランスの若者たちの悲恋」というまったく異なる文脈の中におかれたことで、時空を超えたロマンチックなフレーズとして胸に飛び込んできたのだと思います。小説の内容は忘れてしまいましたが、この引用に出会ったときの衝撃は今でも忘れられません。

映画で殺し屋が放つ聖書の言葉、ぶあつい技術書の章の冒頭に記された『不思議の国のアリス』の一節、近未来ＳＦ作品に埋め込まれたロマン派詩のフレーズ。さまざまな引用にふれる中で、引用元が作品世界から遠く離れていればいるほど、世界の奥行きが深まってかっこよく感じられるというセオリーが見えてきました。『逃げるは恥だが役に立つ』(海野つなみ)、『3月のライオン』(羽海野チカ)など、海外のことわざを引用したマンガのタイトルが魅力的なのも、ありきたりじゃない言葉遣いが想像をかきたててくれるからでしょう。

自分もかっこいい引用をキメたい。そう思って名言集の類《たぐ》いに手を伸ばしてみたものの、人生訓めいたものが多く、いまいち使いこなせないでいました。生き方を教わりたいわけじゃない、勇気づけられたいわけでもない、スピーチで説教したいわけでもない、ただかっこいいフレーズを引用してかっこつけたいだけなのに……。

ドイツ語では、よく引用されるかっこいい表現や名言を、「geflügeltes Wort」(翼のある言葉）と呼ぶそうです。時代や地域を超えて人々の胸に飛び込み、引用者の作り出す世界に強さを添えてくれる言葉。「胸に飛び込む」といえば、日本でも最近「感動する」「感銘を受ける」という意味で、「刺さる（ささる）」という言葉を使う人が増えています。胸に直接飛び込んでくるような感動が、直感的に「ささる」と表現されるのでしょう。そんな古今東西の「ささる」言葉ばかりを集めたくて、生まれたのが本書です。

創作する人はもちろん、仕事や学校で書く文章、ＳＮＳの投稿に活用したい人が文脈にぴったり合う引用を見つけられるよう、870以上のフレーズを項目ごとにまとめました。よく引用される定番フレーズも収めましたので、既存の作品の元ネタ探しとしても楽しめるかもしれません。海外とのやりとりで使いたい人、原文の美しさをそのまま味わいたい人、自分の言葉で訳したい人のために、短いフレーズについてはなるべく原文も併記しました。

気に入ったフレーズがあったら、ぜひ原典にもあたって、作品そのものを味わってみてください。本書によって、読者がときめきながら新しい世界に出会えることを願っています。

堀越英美

ささる引用フレーズ辞典 目次

contents

凡例

本書は、各引用文をテーマごとに並べています。
それぞれの引用文につきましては、
下記のように表示し、情報を加えています。

タイトルの日本語訳

原文

日本語訳または現代語訳

生きた、書いた、愛した

Visse, Scrisse, amo〈伊〉

スタンダール "Souvenirs d' égotisme"
（「エゴイストの思い出」）（1832）

※イタリア人に憧れていたフランス人作家スタンダールは、イタリア語の墓碑銘を指定していた。実際の墓碑は "SCRISSE / AMO / VISSE" という語順で刻まれている。

君に勧む　金縷《きんる》の衣《い》を惜しむ莫《なか》れ
君に勧む　須《すべか》らく少年の時を惜しむべし
（高い服を大切にするより、青春時代を大切に過ごしたほうがいいよ）

杜秋娘《としゅうじょう》「金縷衣」（8〜9世紀）

※美しい妓女として知られ、15歳で地方軍司令官である李錡の妾となった。

原題

内容の解説、作者の経歴など

発表年または刊行年

原文の言語

〈独〉――ドイツ語
〈仏〉――フランス語
〈露〉――ロシア語
〈中〉――中国語
〈伊〉――イタリア語
〈古代希〉― 古代ギリシア語
〈ラテン〉――ラテン語
〈アラビア〉――アラビア語
〈ポルトガル〉– ポルトガル語
※英語のみ省略しています。

＊原則として、明治時代以降の作品は現代かな遣いの表記にしています。ただし詩歌や一部の文語体の散文に限り、旧かな遣いのままにしました。

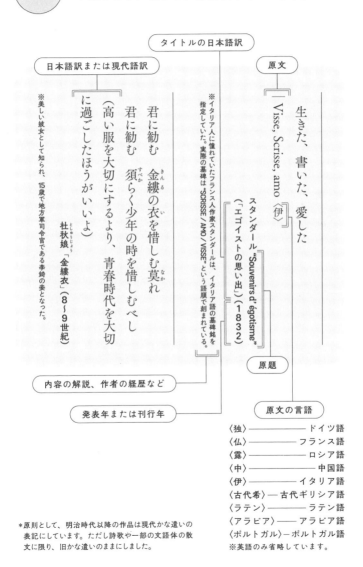

ささる引用フレーズ辞典

人生
life

生きる
living

生ける者《ひと》遂《つい》にも死ぬるものにあれば
この世にある間《ま》は楽しくをあらな
（生きている人間はいずれは死ぬのだから、この世にいる間は楽しく生きていたい）

大伴旅人『万葉集』巻三・三四九（奈良時代末期）

※三四八番「この世にし楽しくあらば来む世には虫に鳥にも我はなりなむ」（この世で楽しく過ごせれば来世は虫でも鳥でもいいや）に続く和歌。

ねえ、ワーニャ伯父さん、生きていきましょうね。長い長い日と長い長い夜を、どこまでも暮していきましょう。

アントン・チェーホフ『伯父ワーニャ』（1897）（米川正夫訳）

※戯曲の終盤で嘆き悲しむワーニャ伯父を姪（めい）のソーニャが慰める言葉。

人間は生きることが、全部である。死ねば、なくなる。名声だの、芸術は長し、バカバカしい。私は、ユーレイはキライだよ。死んでも、生きてるなんて、そんなユーレイはキライだよ。

坂口安吾『不良少年とキリスト』（1948）

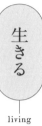

すべてが君に起こるようにせよ
美しいことも恐ろしいことも
君はただ行くしかない
どんな感情も最果てにあるものではない

Laß dir alles geschehn: Schönheit und Schrecken.
Man muß nur gehn: Kein Gefühl ist das fernste.
〈独〉

ライナー・マリア・リルケ『時禱集』（１９０５）

※生まれる前の人間に神が投げかける言葉。

人非人でもいいじゃないの。私たちは、生きていさえすればいいのよ

太宰治『ヴィヨンの妻』（１９４７）

俺達が生物である以上生き抜くことが最高のことで、その他の思念は感傷なのだ。

梅崎春生『蜆《しじみ》』（１９４７）

見ずや君あすは散りなむ花だにも力のかぎりひと時を咲く

九条武子『金鈴』（１９２０）

※大正三美人の一人とうたわれたスター歌人。関東大震災後は被災者の救済活動に尽力するが、過労のため40歳で亡くなる。

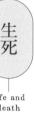

生死
life and death

生は貪るべし、死は畏《お》づべし
(生は貪欲に楽しむもの、死は恐れるべきものである)

山上憶良『万葉集』巻五「沈痾《ちんあ》自哀文」(奈良時代末期)

※病気に苦しみ、死を予見した憶良が生への執着を語る漢文の一節。このフレーズは『帛公(はくこう)略説』の引用という形をとる。

天《あめ》が下のすべての事には季節があり、すべてのわざには時がある。

旧約聖書『伝道の書』3章1節

※生まれるとき、死ぬとき、愛するとき、憎むとき等々はすべて神が定めたものであり、どうすることができなくても「神のなされることは皆その時にかなって美しい」(3章11節)と受け入れるように説く。

水結即成氷　氷消返成水
已死必応生　出生還復死
氷水不相傷　生死還双美

書き下し文

水結べば　すなわち氷と成り
氷消ゆれば　返りて水と成る
已に死しては　必ず応に生まるべく
出生しては　還《ま》た死に復《かえ》る
氷と水と　相傷《そこ》なわず
生と死と　還た双《ふた》つながら美し

(水が固まれば氷となり、氷がとければ水に戻る。死んだらまた生まれ、生まれたらまた死ぬだろう。氷と水が互いを傷つけないよう

に、生と死はどちらも美しい）

寒山「欲識生死譬」（『寒山詩』所収）

※中国唐代の隠者、詩僧。

生生生生暗生始　死死死死冥死終

書き下し文

生まれ生まれ生まれ生まれて生の始めに暗く
死に死に死に死んで死の終わりに冥《くら》し

空海『秘蔵宝鑰《ひぞうほうやく》』（830）

※人間は何度生まれ変わっても何もわからないまま生まれ、何もわからないまま死んでいく、という意味。

独生独死独去独来

（人は一人で生まれ、一人で死んでいく）

浄土教の聖典『無量寿経』巻下（1世紀頃）

我々はどこから来たのか　我々は何者か
我々はどこへ行くのか

D'où venons-nous? Que sommes-nous? Où allons-nous? 〈仏〉

ポール・ゴーギャン　絵画のタイトル（1898）

我生何処来　去而何処之

書き下し文

我が生は何処《いずこ》より来《きた》り
去って何処にか之《ゆ》く

良寛「我生何処来」

※良寛は1758年生まれ、1831年没の僧侶。すべては空（くう）であり（総是空）、空のなかにつかのま自分がいるだけで（空中且有我）、そこに良いも悪いもない（況有是与非）という仏教的価値観を反映した漢詩の冒頭。

空《くう》の空《くう》、いっさいは空《くう》である。

旧約聖書『伝道の書』１章２節

※ダビデの子、エルサレムの王である伝道者の言葉として、人間の営みの空しさを語りながら、個人が与えられた生を楽しむことを肯定する。

朝《あした》に死に夕《ゆうべ》に生《うま》るるならひ、ただ水の泡にぞ似たりける。

（朝に死ぬ人がいれば、夕べに生まれる子どももいる。浮かんでは消える水の泡のよう）

鴨長明『方丈記』（１２１２）

うとうとと生死《しょうじ》の外や日向ぼこ

村上鬼城『鬼城句集』（１９１７）

人生

entire life

なにせうぞ　燻《くす》んで　一期《いちご》は夢よ　ただ狂へ

（まじめくさって何になる。人生は夢のようにはかない、ただ狂え）

『閑吟集』（１５１８）五五番

人生は一個の病院である。そこにいる患者はだれもがベッドを換えたいという願望にとりつかれている。ある者は苦しむならせめてストーブの前でと願い、ある者は窓際ならきっとよくなると信じている。

シャルル・ボードレール『パリの憂鬱』（１８６９）

人生は一行のボオドレエルにも若《し》かない。

芥川龍之介『或阿呆の一生』（1927）

人生は一箱のマッチに似ている。重大に扱うのは莫迦莫迦《ばかばか》しい。重大に扱わなければ危険である。

芥川龍之介『侏儒《しゅじゅ》の言葉』（1927）

消えろ消えろ、束の間の燭火《ともしび》！
人生は歩いてゐる影たるに過ぎん

Out, out, brief candle!
Life's but a walking shadow;

W・シェイクスピア『マクベス』（1606頃）（坪内逍遙訳）

ゆめの世をゆめでくらしてゆだんして
ろせんをみればたつた六文

木喰五行上人《もくじきごぎょうしょうにん》

※木の実や果実のみを食す修行をする僧侶を「木喰上人」と呼ぶ。なかでも90代で亡くなるまで諸国を巡礼して仏像を彫り続けた木喰五行上人（1718〜1810）が知られる。独特の微笑みをたたえた仏像は全国に数百体現存する。「まるまるとまるめまるめよわが心まん丸丸く丸くまん丸」も有名。

人間五十年、化天《げてん》の内をくらぶれば、夢幻《ゆめまぼろし》のごとくなり
一度生《ひとたびしょう》を受け滅せぬ者の有るべきか

幸若舞『敦盛』

※幸若舞は室町時代に流行した軍記物語などを題材とする舞の一種。この句は息子と年の変わらぬ若い平敦盛を討った熊谷直実が世をはかなんで出家した際のセリフで、織田信長が愛唱したことで知られる。化天とは仏教における地上から数えて5番目の天「化楽天」のことで、化天の世界の一昼夜は人間世界の50年に相当するとされる。

君よ、人生という嵐にかかる虹であれ
それは雲をほほ笑みで払い
明日を予言の光明で染める夕暮れの光芒《こうぼう》

Be thou the rainbow to the storms of life!
The evening beam that smiles the clouds away,
And tints to-morrow with prophetic ray!

ジョージ・ゴードン・バイロン "The Bride of Abydos"
（「アビドスの花嫁」）（１８１３）

宇宙は変化、人生は思い込み

マルクス・アウレリウス『自省録』４章３節
（紀元前２世紀）（水地宗明訳）

※第16代ローマ皇帝で哲学者。人生のわずらわしさは主観からくるものだとする。

生きた、書いた、愛した

Visse, Scrisse, amo〈伊〉

スタンダール "Souvenirs d' égotisme"
（「エゴイストの思い出」）（１８３２）

※イタリア人に憧れていたフランス人作家スタンダールは、イタリア語の墓碑銘を指定していた。実際の墓碑は "SCRISSE / AMO / VISSE" という語順で刻まれている。

何もかも美しかった
傷つけるものは何もなかった

EVERYTHING WAS BEAUTIFUL,
AND NOTHING HURT

カート・ヴォネガット・ジュニア『スローターハウス５』
（１９６９）

※ある登場人物の墓碑銘に使われた言葉。

命

life

いのち短し　恋せよ少女《おとめ》
朱《あか》き唇　褪《あ》せぬ間に

流行歌「ゴンドラの唄」（1915、吉井勇作詞）

花のいのちはみじかくて
苦しきことのみ多かれど
風も吹くなり
雲も光るなり

林芙美子

※林芙美子（1903～51）が生前色紙に好んで書いていた短詩「花のいのちはみじかくて／苦しきことのみ多かりき」がよく知られていたが、2009年に村岡花子の遺族宅に保管されていた全12行の詩稿が発見された。

ところが人間には、いつまでも生きられる魂というものがあるんだよ。肉体がほろびて土になったあとも、それは生き続ける。それから魂は澄み切った大気の中を上昇していって、きらきら光るお星さまがたくさんあるところへ行くのさ。

ハンス・クリスチャン・アンデルセン『人魚姫』（1837）

※人間の王子に恋した人魚姫に対し、人魚姫の祖母が死後に泡になってしまう人魚と人間の違いを教えるくだり。

人間のいのちの奥のはづかしさ
滲《し》み来るかもよ君に対《むか》へば

新井洸《あきら》『微明』（1916）

子ども時代

childhood

語ろう、太陽のこと、歌のこと
少年時代の夏の日々のことを
ひと日が二十日に感じられるくらい永かった
甘やかな幼い日々のことを

We'll talk of sunshine and of song,
And summer days, when we were young;
Sweet childish days, that were as long
As twenty days are now.

ウィリアム・ワーズワース"To a Butterfly（II）"（「胡蝶に 2」）（1802）

子ども時代には、ドアが開いて未来が入ってくる瞬間が必ずあるものだ。

There is always one moment in childhood when the door opens and lets the future in.

グレアム・グリーン"The Power And the Glory"
（邦訳『権力と栄光』）（1940）

もう一回、小さな子どもに戻って
たった一日、輝く夏の日を過ごせるのなら
じわじわと人生を腐らせて積み上げた富を
すべて差し出してもかまわない

I'd give all wealth that years have piled,
The slow result of Life's decay,
To be once more a little child
For one bright summer-day.

ルイス・キャロル“Solitude”（「孤独」）（1853）

さよなら、さよなら、さよならを告げよ
　少女の日々にさよならを告げよ
幸せな恋が君を求めてやってくる

Bid adieu, adieu, adieu,
　Bid adieu to girlish days,
Happy Love is come to woo

ジェイムズ・ジョイス“Chamber Music”（「室内楽」）（1907）

青春
youth

あらゆるものにとらわれた
無為な青春
慎み深さのせいで
ぼくは人生をふいにした

Oisive jeunesse
À tout asservie,
Par délicatesse
J'ai perdu ma vie. 〈仏〉

アルチュール・ランボー "Chanson de la Plus Haute Tour"
（「いちばん高い塔の歌」）（１８７２）

ぼくは二十歳だった。それがひとの一生でいちばん美しい年齢だなどとだれにも言わせまい。

J'avais vingt ans. Je ne laisserai personne dire que c'est le plus bel âge de la vie.〈仏〉

ポール・ニザン『アデン アラビア』（1931）（篠田浩一郎訳）

※フランス社会の閉塞感から逃れるべく、学校を中退してアラビアに旅立ったエリート青年の旅行記の冒頭。五月革命を経て怒れる若者たちのバイブルとなった。

私には確かに可能性がある。だがそれは、どんな石の下に眠っているのだろう?

フランツ・カフカ『日記 1910-1923』1914年1月12日の記述

ぼくの精神には一筋の白髪もないし、年寄りにありがちな優しさもない！声の力で世界を完膚なきまでに破壊して、ぼくは進む、美男子で二十二歳。

ウラジミール・マヤコフスキー『ズボンをはいた雲』（1915）（小笠原豊樹訳）

※ロシア未来派の詩人。未来派のマニフェスト『社会の趣味を殴る』を執筆する。長詩『ズボンをはいた雲』は22歳のときの作品。

青春は人生の花だというが、また一面、焦燥、孤独の地獄である。どうしていいか、わからないのである。

太宰治「困惑の弁」（1940）

いゝ加減、政治上の敗北に
のたうち廻ることを
インテリゲンチャに贈呈しろ
（中略）
おゝ、青年よ、
平然と過失を
犯すことは青年の権利だ、

小熊秀雄「春は青年の体内から」（1935）

※1901年生まれのプロレタリア詩人。40年没。

ああ、自分のようなものでも、どうかして
生きたい。

島崎藤村『春』（1908）

※同人雑誌を作る若者たちの理想と挫折を描く自伝的小説。

「ぼくは若さだ。ぼくは喜びだ」
"I'm youth, I'm joy,"

ジェームズ・マシュー・バリー
『ピーター・パン』（1904）

※フック船長に何者かと聞かれたピーター・パンの答え。

青春の最も深い定義は、まだ悲劇に触れて
いない生である。

The deepest definition of Youth is, Life as
yet untouched by tragedy.

アルフレッド・ノース・ホワイトヘッド
『観念の冒険』（1933）

君に勧む　金縷《きんる》の衣《い》を惜しむ莫《なか》れ
君に勧む　須《すべか》らく少年の時を惜しむべし
（高い服を大切にするより、青春時代を大切に過ごしたほうがいいよ）

杜秋娘《としゅうじょう》「金縷衣」（8〜9世紀）

※美しい妓女として知られ、15歳で地方軍司令官である李錡の妾となった。

青春は暗いものだ。

この戦争期の青年達は青春の空白時代だというけれども、なべて青春は空白なものだと私は思う。私が暗かったばかりでなく、友人達も暗かったと私は思う。発散のしようもないほどの情熱と希望と活力がある。そのくせ焦点がないのだ。

坂口安吾『暗い青春』（1947）

家庭

home

憶良《おくら》らは今は罷《まか》らむ子泣くらむ
それその母も我《あ》を待つらむそ

山上憶良『万葉集』巻三・三三七（奈良時代末期）

※宴会を退出するときの挨拶。

家庭の幸福は諸悪の本《もと》

太宰治『家庭の幸福』（1948）

子ども

child

二つ三つばかりなるちごの、いそぎて這《は》ひ来る道に、いと小さき塵《ちり》のありけるを、目ざとに見つけて、いとをかしげなる指《および》にとらへて、大人ごとに見せたる。いとうつくし。

清少納言『枕草子』第一四五段(平安時代中期)

実《げ》に嬰児《あかんぼ》の目を見る時ばかりは、人間は皆清く美しい星の化身と頷《うなず》かれる。

泉鏡花『薺《なずな》』(1921)

※鏡花は斜向かいに住む友人・今井儀太郎の末娘を「みんみい」と呼んでかわいがっていた。みんみいが7歳で夭折したのち、彼女をモデルにした小説『薺』を発表する。

凡《およ》そ世の中に、我が児《こ》の事を饒舌《しゃべ》る奴《やつ》を聞くほど、退屈なものはない。

泉鏡花『薺』(1921)

※みんみいの可愛い言動をたっぷり描写したあとで、「読まるる方たちに、こんな事を聞かせていいのか」と書き手が我に返ったあとの主人公・圭吉の言葉。しかし「よその児の可愛さを語るのは、我児と言うものの影も持たないさみしいものの慰めである、許さるべき惚気(のろけ)である。特権である」と思い直し、少女を思い出してはらはらと泣く。

子供の胸にひめられている苦悩懊悩《おうのう》は、大人と同様に、むしろそれよりもひたむきに、深刻なのである。その原因が幼稚であるといって、苦悩自体の深さを原因の幼稚さで片づけてはいけない。

坂口安吾『風と光と二十の私と』(1947)

子供を教育するばかりが親の義務でなくて、子供に教育されることもまた親の義務かもしれないのである。

寺田寅彦「猫の穴掘り」（1934）

小さき者よ。不幸なそして同時に幸福なお前たちの父と母との祝福を胸にしめて人の世の旅に登れ。前途は遠い。そして暗い。然《しか》し恐れてはならぬ。恐れない者の前に道は開ける。

行け。勇んで。小さき者よ。

有島武郎『小さき者へ』（1918）

※妻を結核で亡くしたばかりの作家が我が子3人に向けて記した励ましの言葉。

出産

childbirth

みどり子の欠《あくび》の口のうつくしき

『誹諧《はいかい》武《む》玉川《たまがわ》』（1750〜76）

※都会的で洒脱な作風で知られる江戸の俳人集団「江戸座」の俳諧連句のうちから秀逸な付句をぬき出して編んだもの。

安々と海鼠《なまこ》の如き子を生めり

夏目漱石（1899）

※長女・筆子が誕生した際の句。

男性は自分たちが槍《やり》で戦う一方で、私たち女性が家では危険とは無縁の生活を送っていると言います。それは大きな間違いです。私は一度お産するくらいなら、三度盾を持って戦場に立つ方がましです。

エウリピデス『メデイア』（紀元前5世紀）

※エウリピデスは古代ギリシア三大悲劇詩人の一人。

おつかさん
ただもう一度だけ
ぼくをにんしんして下さい

永井善三郎「母だけへの遺書」（1958）

中年

middle age

中年や遠くみのれる夜の桃

西東三鬼『夜の桃』（1948）

私の方では年齢の事などは構わないでいても、年齢の方では私を構わないでおかないのだろう。

寺田寅彦「厄年とetc.」（1921）

ただ過ぎに過ぐるもの　帆かけたる舟。人の齢《よわい》。春、夏、秋、冬。

清少納言『枕草子』第二四二段（平安時代中期）

老い

old age

老驥櫪《ろうきれき》に伏すも、志は千里に在り
(名馬は年老いて馬屋に身を横たえていても、千里をかけめぐる志を捨てない)

曹操「歩出夏門行」(207)

未だ覚めず池塘春草《ちとうしゅんそう》の夢
階前の梧葉《ごよう》　既《すで》に秋声《しゅうせい》
(池の堤の春草の上でまどろむ少年の夢から覚めぬ間に、階段の前の青桐《あおぎり》の葉に秋の気配がしのびより、老人となっている)

惟肖得巌《いしょうとくがん》「進学軒」(室町時代前期)

※「少年老い易く学成り難し」のことわざの元となった漢詩の一部。この漢詩はながらく朱熹(しゅき)の「偶成」とされていたが、朱熹の詩文集にこの詩は見られず、『翰林五鳳集』巻三七に「進学軒」の題で室町時代前期の僧・惟肖得巌の作として収録されているという(『日本国語大辞典　第2版』より)。

老兵は死なず、ただ消え去るのみ。
— Old soldiers never die; they just fade away.

ダグラス・マッカーサーの退任演説(1951)

※兵隊歌の一節をアレンジしたもの。

五十年前《ねんぜん》二十三

詹義《せんぎ》「登科後解嘲」(宋代)

※70歳を過ぎてから科挙に合格した喜びを表した漢詩。美人に年齢を聞かれたら「50年前は23歳だった」と答えようという一節。「登科後解嘲」とは、合格後に嘲笑から解放されたという意味。

年々にわが悲しみは深くして
いよよ華やぐいのちなりけり

岡本かの子『老妓抄』（1939）

老いは恋と同じで隠しとおせるものじゃない。
—age is like love, it cannot be hid.

トマス・デッカー『オールド・フォーチュネイタス』（1600）

生きてたたみを這《は》うてゐるえせえび一疋。
からだじうが悲しいのだ。

室生犀星「老いたるえびのうた」（1962）

※これが遺作となった。

眠り

sleeping

春眠不覚暁　処処聞啼鳥

書き下し文

春眠　暁を覚えず　処処《しょしょ》　啼鳥《ていちょう》を聞く
（春の夜は寝過ごしてしまう。うつらうつらしているとあちこちで鳥の声が聞こえる）

孟浩然《もうこうねん》「春暁」（唐代）

まどろみは死の姉妹
—slumber, the sister of Death,

ジョージ・ゴードン・バイロン"To M.S.G."
（『無為の時』（1807）所収）

黄金の眠りが君の瞳にキスをする
―Golden Slumbers kiss your eyes

イギリスの子守歌のタイトル

眠りたい！　生きるより眠っていたい！
―Je veux dormir! dormir plutôt que vivre!〈仏〉

シャルル・ボードレール "Le Léthé"（「忘却の河」）（1857）

おいらにわかるのは、眠っている間は、恐怖も希望も苦労も栄誉も感じないってことだよ。眠りを発明した人に幸あれ。

ミゲル・デ・セルバンテス『ドン・キホーテ』（1615）

※主人公の従者サンチョ・パンサの言葉。

夢

dream

仏は常にいませども　現《うつつ》ならぬぞあはれなる
人の音せぬ暁《あかつき》に　ほのかに夢に見えたまふ

『梁塵秘抄』巻第二・法文歌　仏歌（平安時代末期）

※『梁塵秘抄』は今様（当時のヒットソング）好きの後白河法皇が今様を遊女から聞いて書き留めて編集したもの。

私たちが見るもの感じるものすべて
夢のなかの夢にすぎないのだろうか？
―Is all that we see or seem
But a dream within a dream?

エドガー・アラン・ポー "A Dream Within A Dream"（「夢のなかの夢」）（1849）

不知憶我因何事　昨夜三迴夢見君

書き下し文

知らず　我を憶《おも》ふは何事かに因る
昨夜　三迴《かい》　夢に君を見る

白居易「夢微之」（817）

※遠く離れた友人の微之を夢で3回見た白居易は、自分のことを思ってくれたから夢に出てきてくれたと考え、何があったのだろうと案じる。

死ぬ夢と刺したる夢と逢ふ夢と
これことごとく君に関《かかわ》る

与謝野晶子『夏より秋へ』（1914）

憂きも一時《ひととき》　うれしきも思ひ醒ませば夢候《ぞろ》よ

『閑吟集』一九三番（1518）

さらば　さらば　まだ私は夢を見てます

麻生葭乃《よしの》（『川柳雑誌』1965年8月号）

※川柳作家。同じ川柳作家の夫・麻生路郎への追悼句。

知っていただきたいのです、あなたが私の魂の最後の夢だったということを。

I wish you to know that you have been the last dream of my soul.

チャールズ・ディケンズ『二都物語』（1859）

※酒浸りの弁護士カートンは純粋なルーシーに光を見出すが、ルーシーの幸せのためにわが身をなげうってある計画を実行する。

夢に舞ふ能美しや冬籠《ふゆごもり》

松本たかし（1941）

ふしぎにさびしい宇宙のはてを
友だちもなく　ふはりふはりと昇つて行かうよ。

萩原朔太郎「風船乗りの夢」(『定本青猫』(1936) 所収)

二日酔い

hangover

千の天使が
バスケットボールする。

中原中也「宿酔」(『山羊の歌』(1934) 所収)

生理現象

physiological phenomenon

欠伸したその瞬間が宇宙です

田中五呂八『田中五呂八遺句集』(1938)

※大正12年(1923)に川柳誌「氷原」を創刊した川柳作家。新興川柳の祖といわれた。

およそ人間たるもの、便器でいきんでいるときほど真剣で思慮深く、集中しているときはない。

men are never so serious, thoughtful, and intent, as when they are at stool,

ジョナサン・スウィフト『ガリヴァー旅行記』(1726)

病

illness

——わたしもうぢき駄目になる
意識を襲ふ宿命の鬼にさらはれて
のがれる途無き魂との別離
その不可抗の予感

高村光太郎「山麓の二人」(『智恵子抄』(1941)所収)

人間商売さらりとやめて、
もう天然の向うへ行つてしまつた智恵子の
うしろ姿がぽつんと見える。

高村光太郎「千鳥と遊ぶ智恵子」
(『智恵子抄』(1941)所収)

ああ、あらゆる責任を解除した自由の生活!我らがそれを得るの道は、ただ病気あるのみだ!

石川啄木「ローマ字日記(明治42年(1909)4月)」

神様の楽書《らくがき》として自分を全うしよう

海藤抱壺《ほうこ》『三羽の鶴』(1934)

※若くして結核にかかり、不自由な生活を強いられた抱壺が、神様の落書きのような人生でも最後まで生きようという覚悟のもとに詠んだ自由律俳句。

ことしから丸儲《まるもう》けぞよ娑婆《しゃば》遊び

小林一茶『八番日記』(1821)

※大病を患って奇跡的に回復したあとで迎えた正月に詠んだ句。

寒からう痒《かゆ》からう人に逢ひたからう

正岡子規（1897）

※入院中の弟子を見舞った際の句。

おつとせい氷に眠るさいはひを
我も今知るおもしろきかな

山川登美子（『明星』申歳第四号（1908））

※明治時代の歌人。与謝野鉄幹への恋に破れたあと結婚。肺病の療養のため郷里に戻り、29歳で亡くなる。氷嚢（ひょうのう）が幸せに感じられるほどの高熱を表現しているとも、凍てつく孤立した世界を表現しているとも考えられる。

紀元前二世紀ごろの咳《せき》もする

木村半文銭（1930）

※大正～昭和期の川柳作家。貧窮のさなかに病に倒れ、変な音の咳が出た際の句。

死

death

観《み》よ青ざめたる馬あり、之《これ》に乗る者の名を死
といい、陰府《よみ》これに随《したが》う

新約聖書『ヨハネの黙示録』6章8節（日高善一訳）

※『ヨハネの黙示録』は、この世の終末と神の国の到来において起こるであろう出来事の幻を著者のヨハネが語る預言書的な書物。この箇所はアガサ・クリスティ『蒼ざめた馬』、ロープシン『蒼ざめたる馬』などさまざまな作品のタイトルになっている。

土は土に、灰は灰に、塵は塵に
—earth to earth, ashes to ashes, dust to dust;

聖公会祈禱書（The Book of Common Prayer）

※埋葬の儀式の一節。旧約聖書の第1書『創世記』3章の「汝（なんじ）は顔に汗して糧を食し土に帰るに及ばん、其故（そのゆえ）は汝は土より取られたればなり、汝は塵なれば塵に帰るべきなりと」に由来する。

たとえ死の陰の谷を歩むとも、私は災いを恐れない。あなたが私とともにおられるから。

旧約聖書『詩篇』23篇4節

※旧約聖書の中でも最も有名な詩篇の一つ。さまざまな作品で引用されている。

我は死なり、世界の破壊者なり

ヒンドゥー教の聖典『バガヴァッド・ギーター』

※最高神ヴィシュヌの化身クリシュナが、同族同士の殺し合いに疑問を持つアルジュナ王子を説得するためにこう語りかけた。原子爆弾を開発したアメリカの物理学者ロバート・オッペンハイマーがテレビ番組で引用したことで知られる。

死神の鐘は絶えず頭の上で鳴っている

北インドのことわざ

※人はいつ死んでもおかしくないということ。

私が死のために立ち止まれなかったので、
死が私のために優しく立ち止まってくれた。

Because I could not stop for Death —
He kindly stopped for me —

エミリー・ディキンソン "Because I could not stop for Death"（「私が死のために立ち止まれなかったので」）（１８６３）

※アメリカの女性詩人。生前は無名だったが、ホイットマンに並び現代アメリカ詩人の始祖とされる。

死と私は遊ぶ様になつた
青ざめつ息はづませつ伏しまろびつつ
死と日もすがら遊びくるふ
美しい天の下に

村山槐多《かいた》「死の遊び」（『槐多の歌へる』（１９２０）所収）

もともと無理やりつれ出された世界なんだ、
生きてなやみのほか得るところ何があった
か？
今は、何のために来《きた》り住みそして去るのやら
わかりもしないで、しぶしぶ世を去るのだ！

オマル・ハイヤーム『ルバイヤート』（11世紀）（小川亮作訳）

※イランの詩人、天文学者、数学者（１０４８～１１３１）。科学者としての研究のかたわら、『ルバイヤート』を記した。

この世のなごり　夜もなごり　死にに行く
身をたとふれば　あだしが原の道の霜　一足
づつに消えてゆく　夢の夢こそあはれなれ

近松門左衛門『曾根崎心中』（１７０３）

※心中を覚悟した恋人たちが森に向かう「道行（みちゆき）」の冒頭。

僕はもう小鳥に生れかわっている。ふと僕は
湖水のほとりの森の径で、今は小鳥になって
いる僕の親しかった者たちと大勢出あう。

原民喜『心願の国』（１９５１）

※妻との死別、原爆体験をもとにした小説で知られる作者による絶筆とされるこの作品では、明け方の寝床で小鳥の鳴き声を聞きながら死者との再会を夢見る。

安らかな夜の眠りに身をゆだねるな
怒れ、怒り狂え　光が死にゆくことに
Do not go gentle into that good night.
Rage, rage against the dying of the light.

ディラン・トマス "Do Not Go Gentle into That Good Night"
（「安らかな夜の眠りに身をゆだねるな」）（１９５１）

※死にゆく父に手向けた詩。

鳥の将《まさ》に死なんとする、其《そ》の鳴くや哀し。
人の将に死なんとする、其の言や善《よ》し。
（鳥の死にぎわの鳴き声は哀しく、人の死に
ぎわの言葉に嘘偽《うそいつわ》りはない）

『論語』

※『論語』は孔子（前551～前479）とその弟子の言行録。儒教の根幹をなす聖典とされる。このフレーズは孔子の弟子である曾子が危篤に陥ったときのもの。

苦労のない穴に　さようなら
―Comfortable hole bye

ゴリラのココ

※研究者から手話を教わったココ（1971～2018）は、「ゴリラは死んだらどこに行くのか」と問われてこう答えたとされる。

さて最後の場面
奇妙で波乱に満ちた人生を締めくくるのは
二度目の幼児期と全くの忘却
歯もなく、目もなく、味もなく、何もなし。
―Last scene of all,
That ends this strange eventful history,
Is second childishness and mere oblivion,
Sans teeth, sans eyes, sans taste, sans everything.

W・シェイクスピア『お気に召すまま』（1623）

朝《あした》に紅顔《こうがん》ありて夕べに白骨となる

蓮如上人《れんにょしょうにん》「御文章」（1461～1498）

※人の命のはかなさを説いたもの。

じつは
大きな声では云へないが
過去の長さと
未来の長さとは
同じなんだ
死んでごらん
よくわかる。

淵上毛錢「死算」(『詩学』1950年6月号)

※熊本県・水俣出身の詩人。若くして結核性カリエスに冒され、長い闘病生活を送りながら詩作を続けた。1950年に35歳で病死。

いづくへか帰る日近きここちして
この世のもののなつかしきころ

与謝野晶子『白桜集』(1942)

「廃墟というものは、実に美しいですねえ」
「美しいかねえ」
「人間には、生きようという意志と一緒に、滅亡に赴こうという意志があるような気がするんですよ。どうもそんな気がする。此《こ》のような熾《さか》んな自然の中で、人間が蛾《が》のようにもろく亡《ほろ》んで行く。奇体に美しいですね」

梅崎春生『桜島』(1946)

※第二次世界大戦末期の桜島での兵士たちの会話。

身は花とともに落つれども、心は香とともに飛ぶ。

空海『性霊集』(平安時代初期)

一生を棒に振りし男此処に眠る。
彼は無価値に生きたり。

高村光太郎「或る墓碑銘」（１９２７）

今日は死ぬのにもってこいの日

ナンシー・ウッドの著書の日本語タイトル（１９９５）
（原題"MANY WINTERS"）

※ネイティヴ・アメリカンであるプエブロ族の古老たちから聞き出した死生観をまとめた書籍。

生死去来　棚頭傀儡　一線断時　落々磊々
（死が訪れると、生命は棚から吊っている操り人形が糸を切られたように崩れ落ちる）

月庵宗光『月庵和尚法語』（１６４６）

所詮《しょせん》我々は自分で夢の間に製造した爆裂弾を、思い思いに抱《いだ》きながら、一人残らず、死という遠い所へ、談笑しつつ歩いて行くのではなかろうか。

夏目漱石『硝子戸の中』（１９１５）

ベビーシューズ売ります。未使用品
― For sale: baby shoes, never worn

作者不詳

※６つの英単語のみで構成され、「世界で一番短い小説」として有名な作品。ヘミングウェイの作とされることもあるが、作者は特定されていない。

いつ死ぬる金魚と知らず美しき

高浜虚子『六百五十句』（１９５５）

辞世
farewell poem

此の世をはとりやお暇《いとま》に線香の
煙とともに灰さようなら

十返舎一九《じっぺんしゃいっく》（1831）

※江戸時代後期の戯作者。東京・浅草の東陽院の墓碑に刻まれた辞世の句。「この世をば　どりやおいとまに～」の形で知られる。

今までは人のことだと思ふたに
俺が死ぬとはこいつはたまらん

大田南畝（江戸時代後期）

もりもり盛りあがる雲へあゆむ

種田山頭火（『層雲』1940年11月号）

つひにゆく道とはかねて聞きしかど
きのふけふとは思はざりしを

『伊勢物語』第一二五段（平安時代前期）

※最後の一首。「むかし、男、わづらひて、心地死ぬべくおぼえければ」との本文が添えられている。

討つ者も討たるる者も土器《かわらけ》よ
砕けて後は元の土塊《つちくれ》

三浦義同《よしあつ》（1516）

※戦国時代初期の武将。神奈川県三浦市にある供養塔に刻まれている辞世の和歌。

討つ人も討たるる人も諸共《もろとも》に
如露亦如電応作如是観《にょろやくにょでんおうさにょぜかん》

大内義隆（1551）

※戦国時代の武将。「如露亦如電応作如是観」は金剛般若経にある仏語で「露のようにはかなく、雷のように一瞬で消え去るものとしてこの世を捉えよ」の意。

ちりぬべき時知りてこそ世の中の
花も花なれ、人も人なれ

細川ガラシャ（1600）

※明智光秀の娘で、細川忠興に嫁したのちにキリシタンとなる。関ケ原の戦いで自害。その際の辞世の歌とされる。

地獄なし極楽もなし我もなし
ただ有物《あるもの》は人と万物

神仏化物もなし世の中に
奇妙不思議の事はなをなし

山片蟠桃《やまがたばんとう》『夢の代《しろ》』（1820）

※江戸時代後期の無神論者による辞世の歌2首。晩年の大著の巻末に記されたもの。

人生七十　力囲希咄《りきいきとつ》　吾這《わがこの》宝剣　祖仏共殺《ともにころす》、提《ひっさぐ》る我得具足《わがえぐそく》の一太刀《ひとつたち》　今此時《このとき》ぞ天に抛《なげうつ》
（人生七十年ここで終わり　よっしゃ！　おれのこの宝剣であの世の祖仏を殺しにいくとするか。使い慣れた太刀一本ひっさげて、わが身を天になげうとう）

千利休（1591）

※秀吉の命により70歳で自刃する前に詠んだ辞世。力囲希咄は「えい！」「やあ！」といった掛け声を組み合わせた意味の無い禅語。

見るべき程の事は見つ

『平家物語』（13世紀前半頃）

※平家一門が次々に入水するのを見た平知盛が最期に遺した言葉。見届けるべきことはすべて見届けたという意味。

死別
bereavement

有る程の菊抛《な》げ入れよ棺の中

夏目漱石（１９１０）

※歌人の大塚楠緒子の死を悼む俳句。漱石が恋した相手として知られる。

露の世は露の世ながらさりながら

小林一茶『おらが春』（１８５２）

※１８１９年、50代で授かった娘が生後１年あまりで亡くなった際の追悼句。

春の夢気の違はぬが恨めしい

小西来山（１７１２）

※元日に我が子を失った際の悲嘆の句。

真夜中に　格納庫を出た飛行船は
ひとしきり咳をして　薔薇《ばら》の花ほど血を吐いて
梶井君　君はそのまま昇天した
友よ　ああ暫《しば》らくのお別れだ……　おつつけ僕から訪ねよう！

三好達治「友を喪ふ」（１９３２）（『南窗集《なんそうしゅう》』所収）

※友人・梶井基次郎への追悼詩。

死顔や林檎《りんご》硬くてうまくて泣く

西東三鬼（１９５３）

※「長兄遂に死す」という前書きがある。

ではみなさん、
喜び過ぎず悲しみ過ぎず、
テムポ正しく、握手をしませう。

中原中也「春日狂想」(『在りし日の歌』(1938)所収)

※長男が小児結核で亡くなった際の詩。「愛するものが死んだ時には、／自殺しなけあなりません。」という言葉から始まる。

大石誠之助は死にました、
いい気味な、
機械に挟まれて死にました。
人の名前に誠之助は沢山ある、
然《しか》し、然し、
わたしの友達の誠之助は唯《ただ》一人。

与謝野鉄幹「誠之助の死」(『鴉《からす》と雨』(1915)所収)

※大逆事件で絞首刑になった友人の死を悼み、権力への怒りを表した詩。

大空をかよふまぼろし夢にだに
見えこぬ魂《たま》の行《ゆ》く方《へ》たづねよ
(大空をかけめぐる幻術士よ、夢にも現れてくれないあの人の魂の行方だけでも探して)

紫式部『源氏物語』幻帖(平安時代中期)

※光源氏による紫の上追慕の歌。

若ければ道行き知らじ賂《まい》はせむ
したへの使ひ負《お》ひて通らせ
(礼をするからあの世の使者よ、幼くて死への道を知らぬこの子を背負って連れて行って)

山上憶良『万葉集』巻五・九〇五(奈良時代末期)

ペットとの別れ

pet loss

涙に濡れて、君を運んだ
私たちの愛しい小犬よ
15年前もこうやって運んだね
あのときは、幸せだったのに
ゆえに私のパトリス、もう私に千のキスを
するることも
私の首に心地よく寄り添うこともできない
賢い習性で人間を模倣しようとしていた君
私たちはなんと素敵なものを失ったのか
君にふさわしい悲しい大理石の台座に
君を置いた
そして、君を永遠に私の家族にした
かわいいパトリス、いつも君は食卓に来て
私の膝の上で、愛らしくご飯をねだったね
君は必死に私の杯をなめていた
何度も君のために手で杯を支えたものだ
疲れた私を嬉しそうに尻尾を振って出迎え
すべてのしぐさで私に愛情を伝えてくれた

古代ローマ人が愛犬の墓にラテン語で記した碑文
(C.I.L(ラテン碑文集成)1000659)

この下に稲妻起る宵あらん

夏目漱石「猫の墓」(『永日小品』(1909)所収)

※『吾輩は猫である』のモデルとなった猫の墓に書かれた俳句。死期の迫った猫の眼の色がだんだん沈んでいき、「日が落ちて微(かす)かな稲妻があらわれるような」眼になったことから。

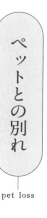

自有五白猫
鼠不侵我書
今朝五白死

書き下し文

五白の猫を有してより
鼠《ねずみ》は我が書を侵さず
今朝、五白死せり

（ウーパイって猫を飼っていた。本がネズミにかじられなくなったのはあの子のおかげ。
今朝、ウーパイが死んだ）

梅堯臣「祭猫」（1056）

※1002年生まれ、60年没。飼い猫を追悼する漢詩で、猫の働きがいかにすばらしかったかがつづられ、「爾（なんじ）の為に聊（いささ）か欷歔（ききょ）す」（今はただお前のために少し涙を流そう）と締められる。

別れ

farewell

コノサカヅキヲ受ケテクレ
ドウゾナミナミツガシテオクレ
ハナニアラシノタトヘモアルゾ
「サヨナラ」ダケガ人生ダ

于《う》武陵《ぶりょう》「勧酒」井伏鱒二訳（『厄除け詩集』（1937）所収）

※于武陵「勧酒」は唐代の漢詩。原文は「勧君金屈卮　満酌不須辞　花発多風雨　人生足別離」で、日本では井伏鱒二の大胆な意訳によって広く知られている。

さらば読者よ、命あらばまた他日。元気で行こう。絶望するな。では、失敬。

太宰治『津軽』（1944）

さよならを言うのは、少しのあいだ死ぬことだ。

― To say goodbye is to die a little.

レイモンド・チャンドラー
『ロング・グッドバイ』（1953）

今はとて天《あま》の羽衣着るをりぞ
君をあはれと思ひいでける
（天の羽衣を着たらすべての感情を忘れてしまうから、最後にあなたのことを思い出す）

『竹取物語』（平安時代前期）

※かぐや姫が最後に帝に送った歌。

露は別れの涙なるべし珠《たま》空しく落つ
（露は彦星と織姫が流した別れの涙だろう。涙の珠は空しく落ちる）

菅原道真（『和漢朗詠集』（1013頃）所収）

※『枕草子』で藤原斉信が四月に「露は別れの涙なるべし」を引用し、清少納言に「いそぎける七夕かな」（気の早い七夕ですなあ）と突っ込まれるくだりがある。

行く人の霞《かすみ》になつてしまひけり

正岡子規（1894）

さよなら。もうあわないよ。さよなら。

宮沢賢治『よだかの星』（1934）

さよなら、さよなら！　別れがこんなにも甘く切ないなら、明日になるまで言い続けましょう。

Good night, good night! Parting is such sweet sorrow
That I shall say good night till it be morrow.

W・シェイクスピア『ロミオとジュリエット』（1597）

君去春山誰共遊

書き下し文

君去らば春山誰と共にか遊ばん

劉商「送王永」（唐代）

さよなら、さよなら！
いろいろお世話になりました
いろいろお世話になりましたねえ
いろいろお世話になりました

さよなら、さよなら！
こんなに良いお天気の日に
お別れしてゆくのかと思ふとほんとに
辛い
こんなに良いお天気の日に

中原中也「別離」（1934）

はかなさ

ephemeral

逝《ゆ》く者は斯《か》くの如《ごと》きか。昼夜を舎《や》めず。
（過ぎ去っていく人生はこの川のよう。昼となく夜となく、やむことなく流れていく）

『論語』

年年歳歳花相似たり　歳歳年年人同じからず
（花は毎年同じように咲くけれど、一緒にこの花を見た人はもういない）

劉希夷「代悲白頭翁」（唐代）

再会

reunion

命二つの中に生きたる桜かな

松尾芭蕉『野ざらし紀行』（1698）

※20年ぶりの知人とお互いに命あって再会できたことを桜をはさんで喜んで詠んだ句。

人生不相見　動如参与商
今夕復何夕　共此燈燭光
（君とはなかなか再会できなかったね、夜空のオリオン座とさそり座のように。今宵はなんてすばらしい夜だろう。君と燈燭《とうしょく》の光を共にできるなんて）

杜甫「贈衛八処士」（唐代）

世界

world

鳥は卵から出ようと格闘する。卵は世界だ。生まれたい者は一つの世界を破壊しなければならない。

> Der Vogel kämpft sich aus dem Ei. Das Ei ist die Welt.
> Wer geboren werden will, muß eine Welt zerstören. 〈独〉

ヘルマン・ヘッセ『デミアン』(1919)

それなら世界をアコヤ貝に見立て、
剣でこじ開け真珠をわがものにするとしよう。

> Why then, the world's mine oyster,
> Which I with sword will open.

W・シェイクスピア『ウィンザーの陽気な女房たち』(1602)

※ピストルが親分に金を借りようとして断られたときのセリフ。ここから、"The world is my oyster"(世界は私の思いのまま)という慣用フレーズが生まれた。

この世界のすべては一つの舞台、
男も女もみな役者にすぎない。

> All the world's a stage,
> And all the men and women merely players;

W・シェイクスピア『お気に召すまま』(1623)

世界と君との闘いでは、世界に加勢せよ。

Im Kampf zwischen dir und der Welt sekundiere der Welt.〈独〉

フランツ・カフカ “Betrachtungen über Sünde, Leid, Hoffnung und den wahren Weg”（「罪、苦しみ、希望、そして真の道についての考察」）（1917〜18）

※海外では「自分と世界との闘いでは、常に世界の側に立て」という言い回しで引用されることもある。

誰かがこの世界にとてつもない勇気をもたらす場合、世界が彼らを打ち砕くためには殺すしかない。だから当然世界は彼らを殺す。世界はだれかれかまわず打ち砕き、そのあと壊れた場所で多くの者が強くなる。打ち砕かれない者がいれば、世界は殺す。善良な者、優しい者、勇敢な者も、平等に殺す。そのどれでもない者も、世界は殺す。特に急いで殺しはしないというだけだ。

アーネスト・ヘミングウェイ『武器よさらば』（1929）

自由

freedom

自由とは、2足す2が4だと言える自由だ。

Freedom is the freedom to say that two plus two make four.

ジョージ・オーウェル『1984年』(1949)

※国民の全生活が党の監視下に置かれた全体主義国家を描くディストピアSF。主人公は党が「2足す2は5」と言えばそれを信じざるをえない世界に生きている。

つひに自由は彼らのものだ
彼ら空で恋をして
雲を彼らの臥所《ふしど》とする

三好達治「鷗《かもめ》」(『砂の砦《とりで》』(1946)所収)

※終戦直後に発表されたもの。

私は丸腰で、ひとりきりで、女だけれど、ただひとつ自由という武器を持っているわ。それは叩いても切れないし、刀でも裂けないし、火にだって焼かれないのよ。これだけはけっして手放さないわ。焼こうとしたって、これが燃えるほど熱い火は見つかりっこないわ

アキレウス・タティオス『レウキッペーとクレイトポーン』(2世紀頃)(引地正俊訳)

※タティオスは古代ギリシアの恋愛小説家。このセリフは、クレイトポーンとの駆け落ちの道中で別の男に監禁されたレウキッペーが敢然と求愛を拒絶したときのもの。

人間は自由の刑に処せられている。

L'homme est condamné à être libre.〈仏〉

ジャン=ポール・サルトル『実存主義とは何か』(1946)

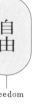

われに自由を、さもなくば死を！

Give me liberty, or give me death!

パトリック・ヘンリー　演説（1775）

※アメリカ独立戦争の指導者で、バージニア州代表の政治家パトリック・ヘンリーが演説の締めくくりに放った言葉。アメリカ独立への流れを決定的にした。

権利幸福きらいな人に　自由湯をば飲ましたい　オッペケペッポーペッポーポー　かたい上下《かみしも》かどとれて、マンテルズボンに人力車　いきな束髪ボンネット　貴女に紳士の扮装《いでたち》で　うわべの飾りはよいけれど　政治の思想が欠乏だ　天地の真理がわからない　心に自由の種をまけ　オッペケペッポーペッポーポー

川上音二郎「オッペケペ節」（1891）

※明治時代の自由党壮士・川上音二郎による時事諷刺（ふうし）の俗謡。

「人間は人間に服従しない」あるいは、「人間は人間を征服出来ない、つまり、家来にすることが出来ない」それが民主主義の発祥の思想だと考えている。

太宰治「如是我聞」（1948）

自由のために死ぬ覚悟がないなら、「自由」という言葉をお前の語彙《ごい》から消すがいい。

If you're not ready to die for it, put the word 'freedom' out of your vocabulary.

マルコムX

※1925年生まれの黒人解放運動指導者。1965年没。

真実

truth

真実は時の娘。

Truth is the daughter of time.

ヨーロッパのことわざ

※今は隠されている真実も時の経過によって明らかになるという意味。古代ローマの著作者アウルス・ゲッリウスが記したラテン語の“Veritatem temporis filiam esse dixit”（真実は時の娘なり、と彼は言った）より。

真実はあらゆる人を殴って殺す棍棒《こんぼう》だ。

Vérité est la massue qui chacun assomme et tue.

〈仏〉

J・J・グランヴィル『百の諺《ことわざ》』（1845）

目標

aim

一度見た星を見失うことはない

私たちはいつだってなりたかった自分になれる

No star is ever lost we once have seen,

We always may be what we might have been.

アデレード・アン・プロクター“A Legend of Provence”（「プロヴァンスの伝説」）（1858）

※イギリスの詩人（1825～64）。貧困女性の労働条件の改善などに尽力した。

これよりは恋や事業や水温《ぬる》む

高浜虚子（1916）

※大正5年2月、東京高等商業学校（現・一橋大学）俳句会の卒業記念句会で卒業生に贈った句。

君の荷車を星につなげ。

―Hitch your wagon to a star.

ラルフ・ワルド・エマーソン “Society and Solitude”（「社会と孤独」）（1870）

勝利 victory

来た、見た、勝った

―Veni, vidi, vici〈ラテン〉

ユリウス・カエサル（紀元前47頃）

※ゼラの戦いを終えたカエサルがローマ元老院に勝利の報告をしたときの言葉。

才能 talent

私は自分の天才性のすべてを生活に注ぎ込んだ。作品に込めたのは才能だけだ。

―J'ai mis tout mon génie dans ma vie; je n'ai mis que mon talent dans mes œuvres.〈仏〉

オスカー・ワイルド

※アンドレ・ジッドのエッセイ『プレテクスト』（1903）にオスカー・ワイルドの言葉として掲載されたもの。

世俗的な才能が無いということは、決して、精神的な仕事の上に才能があるということにはならないんだからな。

中島敦『狼疾記』（1942）

撰ばれてあることの
恍惚《こうこつ》と不安と
二つわれにあり

太宰治「葉」（1934）

※ポール・ヴェルレーヌの詩「叡智（その八）」（堀口大學訳）の一節「選ばれて在ることの／恍惚と不安と／双（ふた）つわれにあり」からの引用。

わたくしとは才能の別名也

上田秋成『胆大小心録』（1808）

※仮名遣いの本を出版した際、学問に私見が多すぎると批判されたときの答え。

天才は狂し、俗物は笑う

高山樗牛《ちょぎゅう》「笑はむ乎、狂せむ乎」（1901）

チャンス

chance

チャンスの神様は前髪しかない。

ヨーロッパのことわざ

※紀元前3世紀のギリシアの詩人ポセイディッポスの詩から生まれたことわざ。ギリシア神話に登場する、前髪が長くて後頭部がはげているカイロスという神に由来する。カイロスはギリシア語でチャンスという意味。「後ろ髪をつかもうとしてもつかめない」＝「チャンスはあとから捕らえることはできない」ので、やってきたときにつかめということ。「チャンスの女神には後ろ髪がない」とも。

膚寸《ふそん》南北に心無けれども風に遇《あ》うときは則《すなわ》ち飛ぶ

空海『性霊集』（平安時代初期）

※膚寸は雲のこと。どの方向に行きたいという心をもたない雲は風にのって自由に飛んでいく。人間も自分を決めつけすぎないほうが、時機が到来したときに自由にどこまでも行ける。

ピンチ

pinch

悪魔と深く青い海の間

Between the devil and the deep blue sea

英語の慣用句

※絶体絶命、進退窮まった状態のたとえ。

内はほらほら、外《と》はすぶすぶ

『古事記』（712）

※炎に囲まれた大国主命（おおくにぬしのみこと）を助けに来たネズミの言葉。穴の内側は広く、外の入り口はすぼまっているから、穴の中に身を隠せと教えた。

挑戦

challenge

挑戦した。失敗した。問題ない。また挑戦して、また失敗しよう。もっとうまく失敗すればいい。

> Ever tried. Ever failed. No matter. Try again. Fail again. Fail better.

サミュエル・ベケット“Worstward Ho”（「いざ最悪の方へ」）(1983)

※ベケットが晩年に英語で執筆した散文作品の有名なフレーズ。

決して間違えることがないのは、何も為さない者だけである。生ける真理に向かって努力する者の誤りは、死せる真理よりもいっそう多くのものを生み出す。

> Seuls, ceux qui ne font rien ne se trompent jamais. Mais l’erreur qui s’efforce vers la vérité vivante est plus féconde que la vérité morte.〈仏〉

ロマン・ロラン『ジャン・クリストフ』(1904〜12)

すべての山に登れ

> Climb Ev’ry Mountain

ミュージカル『サウンド・オブ・ミュージック』(1959) 挿入歌

※「すべての小川を渡って　すべての虹を追いかけて、あなたの夢が見つかるまで」と続く。

求めよ、さらば与えられん。尋ねよ、さらば見出さん。門を叩け、さらば開かれん。

新約聖書『マタイによる福音書』7章7節

失敗
failure

失敗を怖がる人は科学者にはなれない。科学もやはり頭の悪い命知らずの死骸の山の上に築かれた殿堂であり、血の河の畔《ほとり》に咲いた花園である。

寺田寅彦「科学者とあたま」（1933）

山川の末にながるるとちからも
身をすててこそ浮む瀬もあれ

尊証《そんしょう》親王ほか『空也上人絵詞伝』上（1782）

※はじけ散って川に沈んだ栃（とち）の実も殻だけになれば浮かんでくるように、失敗しても重荷を捨てて再出発すれば浮かぶこともあるという人生訓。

生れたこと、生きてること、食つてること、結婚したこと、生殖したこと。何もかも、皆過失なのだ。

萩原朔太郎「父と子供」（『宿命』（1939）所収）

私の経歴は失敗と云う事を以って一貫して居る

広津柳浪『柳浪叢書』序（1910）

偶然

coincidence

骰子《さいころ》の一擲《いってき》は、決して偶然を廃棄しない

―Un Coup de dés jamais n'abolira le hasard〈仏〉

ステファン・マラルメ（1897）

※視覚詩のタイトル。サイコロを振るように作品に偶然性を導入するということ。一擲は「投げる」の意味。「骰子（さい）一擲」と訳されることもある。

闇

darkness

「闇があるから光がある」

そして闇から出てきた人こそ、一番ほんと

うに光の有難さが分るんだ。

小林多喜二　田口滝子宛ての手紙（1925）

（『闇があるから光がある』）

※親に売られて酌婦をしていた田口滝子に宛てたラブレターの書き出し。手紙に「何時かこの愛で完全に滝ちゃんを救ってみせる」と記したとおり、彼女を身請けしたが結婚にはいたらなかった。その後日本プロレタリア文化連盟の中心メンバーとして活躍した多喜二は、東京・築地署で拷問（ごうもん）により絶命した。

光は暗闇の中で輝き、暗闇はそれを理解しなかった。

―et lux in tenebris lucet et tenebrae eam non comprehenderunt.〈ラテン〉

新約聖書『ヨハネによる福音書』1章5節

※原文はギリシア語だが、ラテン語の「Lux in tenebris」（暗闇の中の光）はさまざまな作品で引用されている。

人間は闇の自覚なしに光の自覚があろう筈《はず》はない。

高光大船『生死を超える道』（1937）

※高光大船は真宗大谷派専称寺の住職。

地獄

hell

地獄への道は善意で舗装されている。

― The road to hell is paved with good intentions.

ヨーロッパのことわざ

※善意の行動が邪悪な結果を招いた際によく引用される。

汝等こゝに入るもの一切の望みを棄てよ

ダンテ『神曲』地獄篇第3歌（1321）（山川丙三郎訳）

※ダンテとウェルギリウスがくぐる地獄の門に記された銘文。「この門をくぐる者は一切の希望を捨てよ」などさまざまな訳がある。

地獄は一定《いちじょう》住処《すみか》ぞかし

（きっと地獄こそが私の居場所なのです）

『歎異抄』（鎌倉時代）

※弟子によって記された親鸞の言葉。一定はきっと、確実に、という意味の仏語。

誰もがそれぞれの地獄を耐える。

― Quisque suos patimur manis. 〈ラテン〉

プーブリウス・ウェルギリウス『アエネーイス』巻6・743行目（紀元前1世紀）

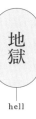

炎のみ虚空《こくう》にみてる阿鼻地獄《あびじごく》
ゆくへもなしといふもはかなし
（炎だけが虚空に満ちる阿鼻地獄　自分はそこに行くしかないというのも儚い）

源実朝『金槐和歌集』（鎌倉時代前期）

※1213年の和田合戦の後に詠んだとされる。

世の中は地獄の上の花見哉《かな》

小林一茶『株番』（1812）

「おい地獄さ行《え》ぐんだで！」

小林多喜二『蟹工船《かにこうせん》』（1929）

※非人道的で劣悪な労働環境の蟹工船に乗り込む漁夫が冒頭で発する言葉。

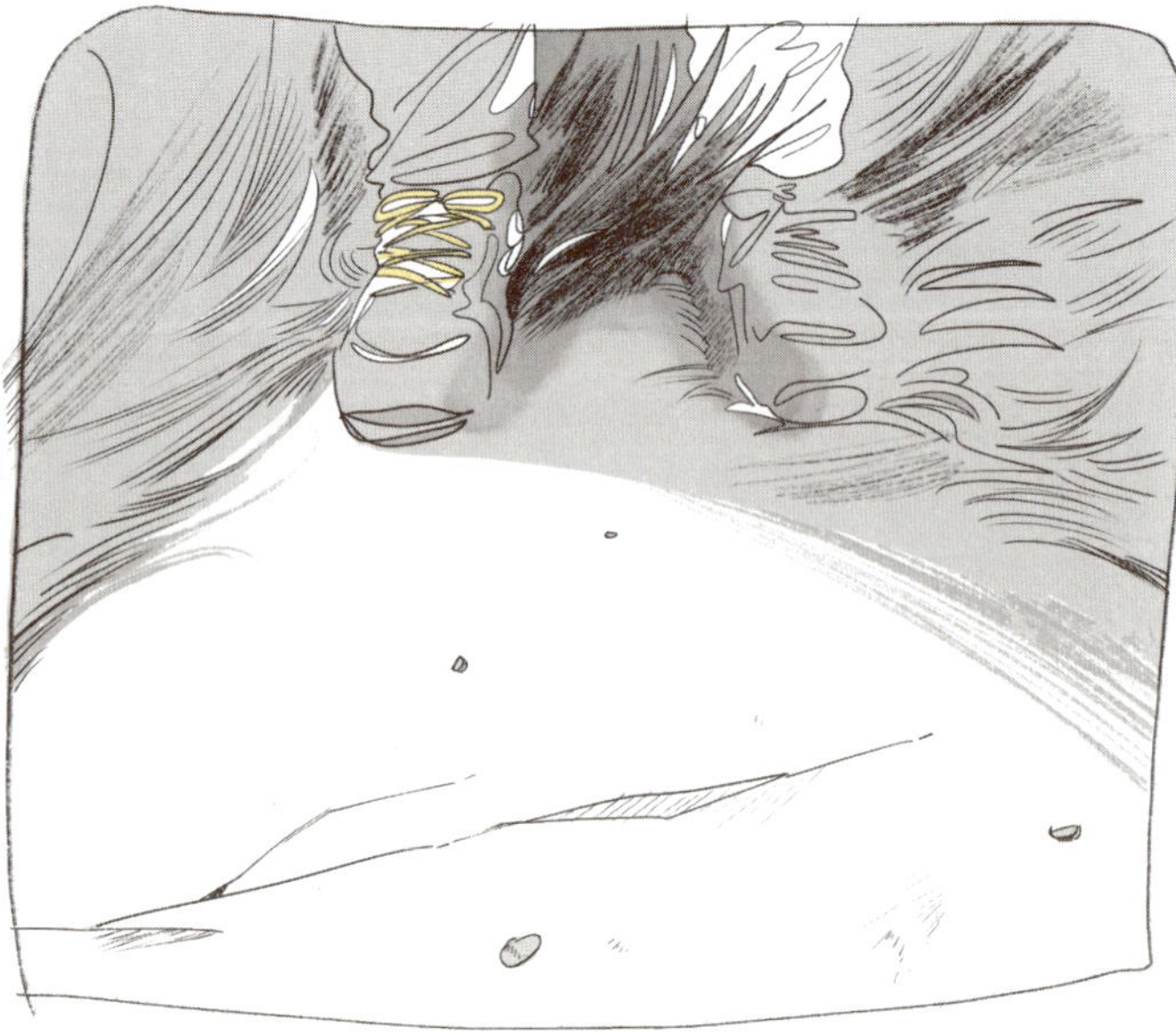

破滅

bane

「おれは十分君を愛してるよ。これ以上どうしたいんだ?　破滅させたいのか?」

「ええ、私はあなたを破滅させたい」

「いいね」と私は言った。「望むところだ」

> "I love you enough now. What do you want to do? Ruin me?"
> "Yes. I want to ruin you."
> "Good," I said, "that's what I want too."

アーネスト・ヘミングウェイ『武器よさらば』(1929)

こんなふうに世界は終わる
爆発音ではなく、すすり泣きで

> This is the way the world ends
> Not with a bang but a whimper.

T・S・エリオット"The Hollow Men"
(「うつろな人間」)(1925)

遊び

play

おれはおもちやで遊ぶぞ
おまへは月給で遊び給へだ
おもちやで俺が遊んでゐる時
あのおもちやは俺の月給の何分の一の値段だなぞと云ふはよいが
それでおれがおもちやで遊ぶことの値段まで決まつたつもりでゐるのは
滑稽《こっけい》だぞ
俺はおもちやで遊ぶぞ
一生懸命おもちやで遊ぶぞ

中原中也「玩具の賦　昇平に」(1934)

※「昇平」とは、当時新聞社で働いていた大岡昇平のこと。

遊びをせんとや生まれけむ　戯れせんとや生まれけん　遊ぶ子供の声聞けば　我が身さへこそ揺るがるれ

『梁塵秘抄』巻第二・四句神歌　雑(平安時代末期)

毎日が遊び回れる休日なら、
遊びも仕事と同じくらい退屈になる。

If all the year were playing holidays,
To sport would be as tedious as to work,

W・シェイクスピア『ヘンリー4世』(1597)

※ヘンリー4世の息子ハル王子の言葉。放蕩生活を心配されるが、即位してから心を入れ替えて真面目になればより輝かしく見えるだろうと計算しての行動。

幸福

happiness

幸福だけの幸福はパンばかりのようなものだ。食えはするがごちそうにはならない。むだなもの、無用なもの、よけいなもの、多すぎるもの、何の役にも立たないもの、それがわしは好きだ。

ヴィクトル・ユーゴー『レ・ミゼラブル』（１８６２）
（豊島与志雄訳）

山のあなたの空遠く
「幸《さいわい》」住むと人のいふ。

カール・ブッセ「山のあなた」
（上田敏訳詩集『海潮音』（１９０５）所収）

もし今死ねるのなら、
今がいちばん幸せなときになるだろう

If it were now to die,
'Twere now to be most happy,

W・シェイクスピア『オセロー』（１６０２）

※妻と再会したオセローのセリフ。このあと、イアーゴーの悪だくみが始まる。ヴァージニア・ウルフ『ダロウェイ夫人』でも引用される。

僕もうあんな大きな暗《やみ》の中だってこわくない。きっとみんなのほんとうのさいわいをさがしに行く。どこまでもどこまでも僕たち一緒に進んで行こう。

宮沢賢治『銀河鉄道の夜』（1934）

悲しみ

sorrow

おもしろうてやがて悲しき鵜舟《うぶね》哉《かな》

松尾芭蕉（『曠野《あらの》』（1689）所収）

※「おもしろうてやがて〜かな」の部分がさまざまなフレーズの元ネタになっている。

汚れつちまつた悲しみに
今日も小雪の降りかかる

中原中也「汚れつちまつた悲しみに……」（『山羊の歌』（1934）所収）

君看双眼色　不語似無愁

書き下し文

君看《み》よ双眼の色　語らざれば愁《うれ》い無きに似たり

白隠禅師『槐安《かいあん》国語』（1749）

※良寛が揮毫（きごう）を頼まれたとき好んで書き加えた句としても知られる。

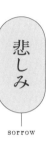

悲しみは海ではないから、すっかり飲み干してしまえる。

Горе не море, выпьешь до дна.〈露〉

ロシアのことわざ

怒り
anger

一度でも我に頭を下げさせし
人みな死ねと
いのりてしこと

石川啄木『一握の砂』（１９１０）

笑《え》みの中の剣《つるぎ》は、さらでだにもおそるべきものぞかし。

『十訓抄』（１２５２）

いかりのにがさまた青さ
四月の気層のひかりの底を
唾《つばき》し　はぎしりゆききする
おれはひとりの修羅なのだ

宮沢賢治「春と修羅（mental sketch modified）」（『春と修羅』（１９２４）所収）

憤怒《ふんぬ》こそ愛の極点。

太宰治「創生記」（１９３６）

涙

tears

世界の涙の総量は不変だ。誰かが泣き出せば、どこかで別の誰かの涙が止まる。笑いも同じだ。

サミュエル・ベケット『ゴドーを待ちながら』（1952）

不実な涙を
　讃へよう――
何とすばらしい
　養殖真珠！

佐藤春夫「不実な涙を」（『魔女』（1931）所収）

感情を発表せぬ事は日本人程熟練した者はない。第一男などは泣きたくても泣かない。たまに泣くと男泣だと云う。泣き方に男性女性があるのは日本ばかりであろう。

夏目漱石「断片」（1901）

都に雨の降るごとく
わが心にも涙ふる。

Il pleure dans mon cœur
Comme il pleut sur la ville ;〈仏〉

ポール・ヴェルレーヌ「都に雨の降るごとく」（1874）（鈴木信太郎訳）

※ランボーに恋をしたヴェルレーヌが彼に発砲したあとに獄中から彼に捧げた詩。

笑い

laughing

君たち人間は貧しいからこそ、間違いなく本当に強力な武器をひとつ持っている。笑いだよ。（中略）笑いの攻撃に立ち向かえるものはなんにもない。それなのに君たち人間は、いつも笑い以外の武器で文句を言って戦ってばかりいるんだ。

For your race, in its poverty, has unquestionably one really effective weapon—laughter. (...) Against the assault of laughter nothing can stand. You are always fussing and fighting with your other weapons.

マーク・トウェイン『不思議な少年』(1916)

※サタンが人間に語りかける言葉。

最初の赤ん坊が初めて笑ったとき、笑いが千のかけらに砕けて飛び跳ねたんだ。それが妖精の始まりだよ。

when the first baby laughed for the first time, its laugh broke into a thousand pieces, and they all went skipping about, and that was the beginning of fairies.

ジェームズ・マシュー・バリー『ピーター・パン』(1904)

希望

hope

待て、しかして希望せよ

――Attendre et espérer !〈仏〉

アレクサンドル・デュマ『モンテ・クリスト伯』（１８４６）（山内義雄訳）

※主人公が最後に若者たちに伝える言葉。

朝の希望は昼すぎには埋葬される。

――am Nachmittag ist die Hoffnung des Morgens begraben.〈独〉

フランツ・カフカ『日記 1910-1923』１９２２年１月24日の記述

二人の男が同じ鉄格子越しに外を眺める。一人は泥を見て、もう一人は星を見る。

――Two men look out through the same bars; one sees the mud, and one the stars.

フレデリック・ラングブリッジ "A Cluster of Quiet Thoughts"（「不滅の詩」）（１８６１）

たとえ明日世界が終わるとしても、私は今日林檎《りんご》の木を植えるだろう。

コンスタン・ヴィルジル・ゲオルギウ『第二のチャンス』（１９５２）

※ゲオルギウはルーマニア人作家（１９１６～92）。このフレーズは作中でマルティン・ルターの言葉として登場し、第二次世界大戦後の復興の象徴として知られるようになった。ただし、ルター自身がこの言葉を発した記録はない。

絶望
despair

絶望之为虚妄　正与希望相同〈中〉
（絶望は虚妄だ。希望がそうであるように）

魯迅「希望」（『野草』（１９２５）所収）

※ハプスブルク帝国からの独立革命を率いて26歳で命を落としたハンガリーの国民詩人ペテーフィ・シャーンドルの手紙のなかの一節を引用したもの。

死に至る病とは絶望である

セーレン・キェルケゴール『死に至る病』（１９４８）（安中登美夫訳）

ああ、人間の生活って、あんまりみじめ。

太宰治『斜陽』（１９４７）

意志
will

考へてみれば簡単だ
畢竟《ひっきょう》意志の問題だ
なんとかやるより仕方もない
やりさへすればよいのだと

中原中也「頑是ない歌」（『在りし日の歌』（１９３８）所収）

悲観は気分、楽観は意志。
Le pessimisme est d'humeur; l'Optimisme est de volonté.〈仏〉

アラン『幸福論』（１９２８）

自己肯定

self-affirmation

只今《ただいま》が、其《そ》の時、其の時が只今なり

山本常朝『葉隠』（１７１６頃）

※江戸中期の武士の修養書。鍋島藩士山本常朝の談話を筆録したもの。やるべきことがあるなら、いざというときにやればいいと考えるのではなく、今やるべきだということ。

ぼくはぼくを祝福する

I celebrate myself,

ウォルト・ホイットマン「ぼく自身の詩」（『草の葉』（１８５５）所収）

蜘蛛《くも》は網張る私は私を肯定する

種田山頭火『草木塔』（１９４０）

丹花《たんか》を口に銜《ふく》みて巷を行けば、畢竟《ひっきょう》、惧《おそ》れはあらじ

岡本かの子『花は勁《つよ》し』（１９３７）

だれかの心が壊れるのを止められるのなら私の人生も無駄ではないのでしょう

If I can stop one heart from breaking,
I shall not live in vain;

エミリー・ディキンソン　無題（19世紀）

自己否定

self-deprecation

私のような人間が会員になれるようなクラブには絶対に入りたくありません。

I would never wanna belong to any club that would have someone like me for a member.

グルーチョ・マルクス

※映画『アニー・ホール』（１９７７）で主人公が劣等感の強い自分の恋愛観（自分を好きになるような女性とは付き合いたくない）を説明するため、グルーチョ・マルクスの言葉として引用するフレーズ。

どうしようもないわたしが歩いてゐる

種田山頭火『草木塔』（１９４０）

彼れは主義に酔えず、読書に酔えず、酒に酔えず、女に酔えず、己れの才智にも酔えぬ身を、独りで哀れに感じた。

正宗白鳥『何処へ』（１９０８）

※雑誌記者の仕事に飽いた主人公は冒険家や革命家のような生命に満ちた人生をうらやむ。

金魚鉢の中の金魚。自分の位置を知り、自己及び自己の世界の下らなさ・狭さを知悉《ちしつ》している絶望的な金魚。絶望しながらも、自己及び狭い自己の世界を愛せずにはいられない金魚。

中島敦『かめれおん日記』（１９４２）

※孤独な教員が、鉢の中の金魚に現実から隔絶された自分を投影する描写。

自己同一性

identity

どんなにエサを与えても狼《おおかみ》は森だけを見つめ続ける。

―Как волка ни корми, он все в лес смотрит.〈露〉

ロシアのことわざ

※生まれもった習性は変わらないということ。

水流元入海　月落不離天

書き下し文

水流れて元海に入り　月落ちて天を離れず

禅籍『五灯会元』第16巻（南宋代）

※元の明本禅師の言葉。人は本来の自己からは離れられないということ。

怠惰

laziness

怠惰は口づけと同じく、甘美であるためには盗まれなくてはいけない。

―Idleness, like kisses, to be sweet must be stolen.

ジェローム・K・ジェローム『閑人閑話』（1886）

※何もすることがないときではなく、やることがたくさんあるときにのんびり過ごすことこそが楽しいのだと語る。

人生は哲学と背馳する。怠惰のないところに幸福はなく、無用の物だけが満足をもたらす。

アントン・チェーホフ『チェーホフの手帖』（1918）（神西清訳）

退屈 boredom

彼女は死にたくもあり、パリで暮らしたくもあった。

― Elle souhaitait à la fois mourir et habiter Paris.〈仏〉

ギュスターヴ・フローベール『ボヴァリー夫人』（1857）

※夢見がちなボヴァリー夫人は田舎での退屈な新婚生活に絶望する。

退屈でくたばるくらいなら、情熱でくたばったほうがましだ！

― je préfère crever de passion que de crever d'ennui!〈仏〉

エミール・ゾラ『ボヌール・デ・ダム百貨店』（1883）

※百貨店経営者でプレイボーイのムーレが友人に女店員への恋心を打ち明ける。

孤独 loneliness

よく隠れる者はよく生きる。

― Bene qui latuit bene vixit.〈ラテン〉

プーブリウス・オウィディウス・ナーソー『悲しみの歌』第3巻

※流刑地に送られた古代ローマの詩人が友に宛てた忠告の手紙の中の一節。できるだけ世の喧騒から離れて暮らそうとしたデカルトのモットーとしても知られる。

いいかい、世界で一番強いものは、ただ一人立つ人間である。

ヘンリック・イプセン『民衆の敵』（楠山正雄訳）

※1882年の戯曲。汚染問題から町の温泉開発計画の中止を提言した医師のストックマンが民衆の敵となっても戦う姿を描く。

一人行きて
悪をなすな
象の棲む
林の中の
象のやうに
少数であれ。

『法句経』三三〇（前4〜前3世紀頃）（末政寂仙訳）

※『法句経（ダンマパダ）』は現存する最古の仏教の経典。

孤独は、人のふるさとだ。恋愛は、人生の花であります。いかに退屈であろうとも、この外に花はない。

坂口安吾「恋愛論」（1947）

本を読まないということは、そのひとが孤独でないという証拠である。

太宰治「如是我聞」（1948）

ようやく長い間切望していた孤独を堪能できる。だれ一人知る人のいない中をかき分けて進む雑踏ほど、孤独を感じられる場所はない。

ヨハン・ヴォルフガング・フォン・ゲーテ『イタリア紀行』

※『イタリア紀行』はドイツ詩人・ゲーテが1786年から88年にかけてイタリアを旅行した体験をのちにまとめた自伝的作品。引用箇所はヴェネツィアを訪れた際のもの。

ころりと横になる今日が終つて居る

尾崎放哉（1925）

※種田山頭火とならんで自由律俳句を代表する俳人。

やっぱり一人がよろしい雑草
やっぱり一人はさみしい枯草

種田山頭火『草木塔』(1940)

また、恋情の発作にも用心せよ！　孤独な人間は出会った相手にすぐ手を差し伸べる。

Und hüte dich auch vor den Anfällen deiner Liebe! Zu schnell streckt der Einsame Dem die Hand entgegen, der ihm begegnet. 〈独〉

フリードリヒ・ニーチェ『ツァラトゥストラかく語りき』(1885)

死の願望

desire for death

少くとも僕の場合は唯《ただ》ぼんやりした不安である。何か僕の将来に対する唯ぼんやりした不安である。

芥川龍之介「或旧友へ送る手記」(1927)

※これが遺稿となった。

森の奥より銃声聞ゆ
あはれあはれ
自ら死ぬる音のよろしさ

石川啄木『一握の砂』(1910)

この世に生を享《う》けないのが、
すべてにまして、いちばんよいこと、
生まれたからには、来たところ、
そこへ速《すみや》かに赴くのが、次にいちばんよいこ
とだ。

ソポクレス『コロノスのオイディプス』（紀元前401）
（高津春繁訳）

※国を追われたオイディプス王は放浪の末、コロノスの森の神域近くにたどり着き、そこを死に場所として望む。その状況を劇のコロス（合唱隊）が説明する。

人間にとって一番いいのは初めから生まれ
てこないこと
突き刺すような太陽の光を見ないこと
だが生まれてしまったならば、冥府《ハデス》の門を
急いでくぐり、堆《うずたか》く積まれた土の山の下
に横たわることが最善である

テオグニス『エレゲイア詩集』（紀元前540頃）

※テオグニスは古代ギリシアの詩人。

死のうと思っていた。ことしの正月、よそから着物を一反もらった。お年玉としてである。着物の布地は麻であった。鼠色《ねずみいろ》のこまかい縞目《しまめ》が織りこめられていた。これは夏に着る着物であろう。夏まで生きていようと思った。

太宰治『葉』（1934）

賞賛

admiration

ほめらるるもの、四五日に過ぎず。そしらるるもの、また四五日に過ぎず。

『宇治拾遺物語』巻一五「盗跖《とうせき》と孔子と問答の事」（鎌倉時代前期）

※孔子に説教された盗賊が、良いことも悪いこともいつまでもほめられ、批判されるわけではないのだから、好きに生きたほうがよいと言い返して論破する。『荘子』のエピソードに基づく。

舌の上はハチミツ、舌の下は氷。

— На языке мед, а под языком лед.〈露〉

ロシアのことわざ

※口先では甘いことを言っているが、心のうちは冷たいことのたとえ。

賞讃、実にこれほど麗しいものはない。（中略）恋も事業も芸術も、あらゆる美徳も、つまりは此《この》麗しい声を聞かんが為めに生きている。

永井荷風「歓楽」（1909）

※自分の著作が歓迎されたことを受けて、モーパッサンの「芸術家に対する最上の挨拶は唯（た）だ賞讃の一語だ」を引用しながらその幸福を語る。

悪口

slander

白い百合にも黒い影がある

ハンガリーのことわざ

※どんな無垢(むく)な人にも悪く言われるようなことはあるということ。

世の中の多くの馬鹿のそしりごと忘れ得ぬ我
祈るを知れり

中原中也　山口中学在学中（１９２０〜23）の短歌

※詩人になる前の作品。馬鹿に言われた悪口を忘れられない自分も祈ることは知っている、という意味。

ハイカラ野郎の、ペテン師の、イカサマ師の、猫被《ねこっかぶ》りの、香具師《やし》の、モモンガーの、岡っ引きの、わんわん鳴けば犬も同然な奴

夏目漱石『坊ちゃん』（１９０６）

オタンチン・パレオロガス

夏目漱石『吾輩は猫である』（１９０６）

子以礼従人　其人不納　実礼如之乎　曰持帰
今子罵我　我亦不納　子自持帰
（「人に贈り物をしようとして、相手が受け取らなかったら、その贈り物はだれのものだろうか」「贈ろうとした人のものだろう」「今あなたは私を罵った。だが私は受け取らない。その悪口はあなたが持ち帰ることになる」）

『四十二章経』六章

※仏教の経典として中国に最初に伝わったとされるもの。ある男が釈迦を罵ったが、釈迦は一言も言い返さず、男が悪口を言い終えてからこの言葉を投げかけた。

蛙《かえる》が唾《つば》を吐いても白鳩には届かない

フランスのことわざ

※悪口を言われても言われた人の価値が下がるわけではないことのたとえ。

うわさ話は楽しいじゃないですか！　歴史だってせんじつめればうわさ話ですよ。ところが悪口は、うわさ話に道徳がくっついてくるせいで退屈になってしまっているんです。

gossip is charming! History is merely gossip. But scandal is gossip made tedious by morality.

オスカー・ワイルド『ウィンダミア卿夫人の扇』(1892)

※悪口とうわさ話はどう違うのかとウィンダミア卿に聞かれたセシル・グレアムの返答。

ぼくがまだ若くて傷つきやすかった頃に父から言われて、ずっと心の中で反芻《はんすう》してきた助言がある。「誰かを批判したくなったときは、世の中の人はみんなお前ほど恵まれているわけではないことを思い出せ」

In my younger and more vulnerable years my father gave me some advice that I've been turning over in my mind ever since.

"Whenever you feel like criticizing anyone," he told me, "just remember that all the people in this world haven't had the advantages that you've had."

F・スコット・フィッツジェラルド『グレート・ギャツビー』(1925)

※作品の書き出し部分。

虚偽は飛ぶように広まり、真実は後から足を引きずりながらやってくる。

―Falsehood flies, and Truth comes limping after it;

ジョナサン・スウィフト『エグザミナー』誌（1710）

ロバの足蹴

―coup de pied de l'âne〈仏〉

フランスの慣用句

※恐れるに足らないほど弱った強者に対して弱者が行う侮辱のこと。老いたライオンをロバが足蹴にしたラ・フォンテーヌの寓話に基づく。

やいヘゲモニー

坂口安吾「酒のあとさき」（1947）

※中原中也が酒場で会った恋のライバル坂口安吾に殴りかかろうとして叫んだ言葉。

復讐《ふくしゅう》

revenge

優雅な生活が最高の復讐である。

―Living Well Is the Best Revenge.

スペインのことわざ

※17世紀イングランドの詩人ジョージ・ハーバートがまとめた“Outlandish Proverbs”（「異国のことわざ集」）524番のことわざ。F・スコット・フィッツジェラルド『夜はやさし』のモデル、ジェラルド・マーフィが好んだことから、カルヴィン・トムキンズによる同夫妻の伝記のタイトルになった。

僕はなぜ小説を書くのだろう。困ったことを言いだしたものだ。仕方がない。思わせぶりみたいでいやではあるが、仮に一言こたえて置こう。「復讐。」

太宰治『道化の華』（1935）

最良の復讐とは、自分まで同じようなものにならないことだ。

マルクス・アウレリウス『自省録』6章6節（紀元前2世紀）

復讐するは我にあり

『新約聖書』「ローマ人への手紙」12章19節

※神の言葉。愛する者よ、自ら復讐せず、ただ神の怒りにまかせなさいと説いている。

「とにかくあまり私を信用してはいけませんよ。今に後悔するから。そうして自分が欺《あざむ》かれた返報に、残酷な復讐をするようになるものだから」

「そりゃどういう意味ですか」

「かつてはその人の膝《ひざ》の前へ跪《ひざまず》いたという記憶が、今度はその人の頭の上に足を載せさせようとするのです。（後略）」

夏目漱石『こころ』（1914）

※他人を理想化してあがめる人は、相手に失望したとたん「裏切られた」という怒りの感情を向けやすい。それを知っている先生が、「私」を牽制する場面。

殺す

kill

ね？ 殺しちゃって、ごめんなさい？ でも我慢してね。私は、生きている人がこわいの。

山川方夫『箱の中のあなた』（1961）

臆病者はキスで殺す
勇者は剣で殺す

The coward does it with a kiss,
The brave man with a sword!

オスカー・ワイルド「レディング監獄のバラッド」（1898）

とほい空でぴすとるが鳴る。

萩原朔太郎「殺人事件」（『月に吠える』（1917）所収）

人殺す吾れかも知らず飛ぶ蛍

前田普羅（『ホトトギス』第17巻3号（1913））

母さん、帰らぬ、
さびしいな。
金魚を一匹突き殺す。

北原白秋「金魚」（『とんぼの眼玉』（1919）所収）

我々は自分の敵を赦《ゆる》さなければならない。だがそれは、その敵が絞首刑になってからである。

man muß seinen Feinden verzeihen, aber nicht früher, als bis sie gehenkt worden.〈独〉

ハインリヒ・ハイネ "Gedanken und Einfälle"（「落想集」）（1869）

※ドイツの詩人。「私はきわめて平和的な性格だ」から始まる短いエッセイの末尾。

だれがコマドリ殺したの
それはわたし、と雀《すずめ》が言う
わたしの弓で　わたしの矢で
わたしがコマドリ殺したの

Who killed Cock Robin?
I, said the Sparrow,
With my bow and arrow.
I killed Cock Robin.

マザーグース　“Cock Robin”（「コマドリ」）（18世紀頃）

バッサーニオ「気に入らないからって殺す奴があるか」
シャイロック「憎い奴を殺したくない奴がいるかね？」

BASSANIO
Do all men kill the things they do not love?
SHYLOCK
Hates any man the thing he would not kill?

W・シェイクスピア『ヴェニスの商人』（16世紀末）

我々はみな、神の殺害者なんだ！

Wir alle sind seine Mörder!〈独〉

フリードリヒ・ニーチェ『悦ばしき知識』（1882）

親心

parental feeling

子供より親が大事、と思いたい。子供のためになどと古風な道学者みたいな事を殊勝らしく考えてみても、何、子供よりも、その親のほうが弱いのだ。

太宰治『桜桃』（1948）

あれはちょうど鷹《たか》と同じなんですよ。気が向けば――飛んで来ようし、また気が向けば――行ってしまう。

イワン・ツルゲーネフ『父と子』（1862）（米川正夫訳）

※息子に捨てられたと嘆く夫を慰める妻の言葉。

春が来たつて何になろ
あの子が返つて来るぢやない
おもへば今年の五月には
おまへを抱いて動物園
象を見せても猫《にゃあ》といひ
鳥を見せても猫《にゃあ》だつた

中原中也「また来《こ》ん春……」（『在りし日の歌』（1938）所収）

その親にも、
親の親にも似るなかれ――
かく汝《な》が父は思へるぞ、子よ。

石川啄木『悲しき玩具』（1912）

旅人の宿りせむ野に霜降らば
我《あ》が子羽《は》ぐくめ天《あめ》の鶴群《たずむら》

（旅をする我が子が仮寝する野に霜が降ったら、どうかうちの子を羽で包んであげて、天翔る鶴たちよ）

遣唐使の母『万葉集』巻九・一七九一（奈良時代末期）

こどもが
せっせっ　せっせっ　とあるく
すこしきたならしくあるく
そのくせ
ときどきちらっとうつくしくなる

八木重吉「美しくあるく」（『貧しき信徒』（1928）所収）

短夜や乳ぜり泣く児を須可捨焉乎《すてっちまおか》

竹下しづの女（1920）

※俳人（1887〜1951）。大正9年（1920）、高浜虚子に師事して「ホトトギス」に投句するようになる。赤ちゃんを捨てたくなるほど夜泣きに追い詰められる母の思いを漢語を交えて表現するなど、大胆な作風で話題を呼んだ。

隣室に書《ふみ》よむ子らの声きけば
心に沁みて生きたかりけり

島木赤彦『柿蔭集《しいんしゅう》』（1926）

もの言はぬ四方《よも》の獣《けだもの》すらだにも
あはれなるかなや親の子を思ふ

源実朝『金槐和歌集』（鎌倉時代前期）

※四方は「いたるところの」「世界中の」という意味。

恋愛・友情

love/friendship

恋

love

人間は、恋と革命のために生れて来たのだ。

太宰治『斜陽』(1947)

恋は宇宙的の活力である。

夏目漱石『吾輩は猫である』(1906)

しかし君、恋は罪悪ですよ。

夏目漱石『こころ』(1914)

恋はうれしい、嬉しい恋が積もれば、恋をせぬ昔がかえって恋しかろ。

夏目漱石『草枕』(1906)

かあいそうだたほれたってことよ

夏目漱石『三四郎』(1908)

※与次郎が英語の脚本のセリフ"Pity's akin to love"を訳したもの。

好きなものは咒《のろ》うか殺すか争うかしなければならないのよ。

坂口安吾『夜長姫と耳男』(1952)

恋愛はびいるす菌みたいなものだから、何時の間にしていたのやら、終ったのやら判らないのが本物なのよ

室生犀星『杏《あんず》っ子』(1957)

恋愛の徴候の一つは彼女に似た顔を発見することに極度に鋭敏になることである。

芥川龍之介『侏儒《しゅじゅ》の言葉』(1927)

恋する人は正気ではない

—Amantes amentes〈ラテン〉

ラテン語の格言

恋はロバにダンスをさせる。

—L'Amour fait danser les Ânes.〈仏〉

フランスのことわざ

※さかりのついたオスのロバがメスの前で飛んだり跳ねたりすることから。恋に落ちた人が意外な性質をあらわにすることのたとえ。

恋の山には孔子《くじ》の倒れ

日本のことわざ

※孔子のような聖人でも恋で失敗することがあるという意味。『源氏物語』第二四帖の「胡蝶」に用例がある。

やはらかに積れる雪に
熱《ほ》てる頬《ほ》を埋《うず》むるごとき
恋してみたし

石川啄木『一握の砂』(1910)

人の情《こころ》の感ずること、恋にまさるはなし

本居宣長『源氏物語玉の小櫛』（1799）

※人の心を一番動かすのは恋であり、だからこそ昔から恋の歌が多く、読む人の心を動かすツボを集めて作られた『源氏物語』も恋する人の思いを細かく描写しているのだとする物語評論。

只《ただ》よにおかしくあやしくのどかにやわらかに悲しくおもしろきものは恋とこそ言わめ。

樋口一葉『一葉日記集　下巻』1893年4月15日の日記

※小説の師・半井桃水への結ばれぬ想いを表したもの。

われはつみの子に候《そうろう》

与謝野晶子（1900）

※既婚者である与謝野鉄幹に恋したことを知人に打ち明ける手紙の一文。

恋愛は破壊をつかさどるものである。

幸田露伴『プラクリチ』（1932）

彼は私以上に私だからよ。人間の魂が何からできていようと、彼と私の魂は同じなの。

because he's more myself than I am. Whatever our souls are made of, his and mine are the same;

エミリー・ブロンテ『嵐が丘』（1847）

※キャサリンが使用人のネリーに幼なじみのヒースクリフを好きな理由を語る言葉。

余は他のノロケを聞く事を好む。ノロケほど邪念なきは無し

国木田独歩『病牀録』（1908）

恋人
lover

恋人の玉ねぎは羊

アラブのことわざ

※好きな人の玉ねぎは羊のようなごちそうに思えるくらい、愛は人の理性を失わせるという意味。

狂人も、恋人も、詩人も
みんな想像力の塊だ。

The lunatic, the lover, and the poet
Are of imagination all compact:

W・シェイクスピア『真夏の夜の夢』（1600）

初恋
first love

まだあげ初《そ》めし前髪の
林檎《りんご》のもとに見えしとき
前にさしたる花櫛《はなぐし》の
花ある君と思ひけり

島崎藤村「初恋」（『若菜集』（1897）所収）

わたしは、もうずっと前から彼女を知っていて、彼女と知合いになるまでは、何ひとつ知りもせず、生きた甲斐もなかったような気がした。

イワン・ツルゲーネフ『はつ恋』（1860）（神西清訳）

君により思ひならひぬ世の中の　人はこれをや恋といふらむ
（あなたと出会って知ったこの思いを人は恋と呼ぶのだろう）

『伊勢物語』（平安時代前期）

初恋の心を猫に尋ねばや

正岡子規（1933）

忘れもせぬ七歳《ななつ》の日の水祭《みずまつり》に初めてその児《こ》を見てからというものは私の羞耻《はにかみ》に満ちた幼い心臓は紅玉《ルビイ》入の小さな時計でも懐中《ふところ》に匿《かく》しているように何時となく幽《かす》かに顫《ふる》え初めた。

北原白秋「おもひで　抒情小曲集」（1911）

恋人と逢う

dating

あまり見たさに　そと隠れて走て来た　まづ放さいなう　放してものを言はさいなう　そぞろいとほしうて　何とせうぞなう
（あんまりあなたに会いたくて、そっと隠れて走って来たの。まずは放してくださいな。放してくれないと話せない。たまらなくいとしくて、どうしていいかわからないの）

『閑吟集』二八二番（1518）

諸君が、もし恋人と逢って、逢ったとたんに、恋人がげらげら笑い出したら、慶祝である。必ず、恋人の非礼をとがめてはならぬ。恋人は、君に逢って、君の完全のたのもしさを、全身に浴びているのだ。

太宰治『富嶽百景』（1939）

帰りける人来《きた》れりと言ひしかば
ほとほと死にき君かと思ひて
（流罪から赦された人が都に着いたと聞いてうれしさであやうく死ぬところだった。君かと思ったから）

狭野茅上娘子《さののちがみのおとめ》『万葉集』巻一五・三七七二（奈良時代末期）

一昨日《おとつい》も昨日も今日も見つれども
明日さへ見まく欲しき君かも
（おとといも昨日も今日も会ったけど明日も会いたい君なんだ）

橘文成『万葉集』巻六・一〇一四（奈良時代末期）

翅《つばさ》がほしい、羽がほしい。飛んで行きたい、知らせたい。

人形浄瑠璃『本朝廿四孝《にじゅうしこう》』（1776初演）

※恋人の武田勝頼の暗殺計画を知った八重垣姫のセリフ。思いつめた八重垣姫は氷結した湖の上を駆け抜けて逢いに行く。

君が一夜の情《なさけ》には妾《しょう》が百年《ももとせ》の命を惜《おし》まず

曲亭馬琴『椿説弓張月』（1807～11）

逆説的だが、一人でいられる能力は、愛する能力の条件である。

エーリッヒ・フロム『愛する技術』（１９５６）

※ドイツ生まれの精神分析学者・社会思想家。ナチスに追われてアメリカに移住する。愛する技術を得るためには今やっていることに全身で没頭し、他人にしがみつくことなく一人で過ごせるようになれと説く。

ゆきあたりばったりの万人を、ことごとく愛しているということは、誰をも、愛していないということだ。

太宰治『秋風記』（１９３９）

星が火であることを疑え
太陽が動くことを疑え
真実が嘘《うそ》つきであることを疑え
だが、私が愛していることは決して疑うな

Doubt thou the stars are fire,
Doubt that the sun doth move,
Doubt truth to be a liar,
But never doubt I love.

W・シェイクスピア『ハムレット』(1602頃)

※ハムレットからオフィーリアに宛てた手紙。

すべてを愛し、わずかな人だけを信じ
だれにも不当な扱いをしない。

Love all, trust a few,
Do wrong to none;

W・シェイクスピア『終わりよければすべてよし』
(1603〜1604頃)

愛は死のように強い

Love is as strong as death

旧約聖書『雅歌』8章6節

※「雅歌」は愛の詩が集められたもの。7節で「その燃え上がる炎は大水も洪水も消すことができない」と続く。

宇宙をただひとりのひとに還元し、そのただひとりのひとを神にまで拡大すること、それが愛である。

愛、それは星への天使たちのあいさつである

ヴィクトル・ユゴー『レ・ミゼラブル』(1862)(井上究一郎訳)

※貧乏学生のマリユスはコゼットの名前を知らぬまま視線を交わし、恋に落ちる。その後マリユスが彼女の庭の石の下にそっとしのばせた長文の恋文の書き出し。

愛はすべてを征服する。

| Omnia vincit Amor. 〈ラテン〉

ウェルギリウス『牧歌』第10歌(紀元前41〜37頃)

※ウェルギリウスはローマの詩人。失恋して落ち込み、愛の力に抵抗できないと嘆く男性の言葉。

だけど私たちは愛を超える愛で愛しあった

| But we loved with a love that was more than love—

エドガー・アラン・ポー “Annabel Lee”(「アナベル・リー」)(1849)

私が好きなら私の犬も好きになれ。

| Love me, love my dog.

英語のことわざ

遠距離恋愛

long-distance love

唐棣《とうてい》の華、偏として其《そ》れ反せり。豈爾《あになんじ》を思はざらんや。室是《こ》れ遠ければなりと。子曰《いわ》く、未だ之を思はざるなり。夫《そ》れ何ぞ遠きことか之れ有らんや。

『論語』

（「ニワザクラの花がひらひらゆれるなかであなたを想っているけど、なにぶん家が遠すぎて会えないんだ」という詩について、孔子はこう言った。「この男は大して恋人のことを思っていない。本当に好きなら距離は問題にならないはずだ」）

不堪盈手贈　還寝夢佳期

（月の光を両手で抱えても君に贈るすべはないから、せめて眠ろう。夢の中で君に逢えるように）

張九齢「望月懐遠」（月を望んで遠きを懐《おも》う）（唐代）

※佳期とは「恋人と逢う日」のこと。

別れの痛みは、再会の喜びに比べれば何でもない。

The pain of parting is nothing to the joy of meeting again.

チャールズ・ディケンズ『ニコラス・ニクルビー』（１８３９）

失恋

lost love

猫にゃだまされ狐にゃふられ
ニャンでコンなにへまだろう

都《ど》都《ど》逸《いつ》（作者不詳）

海底《うなぞこ》に眼のなき魚《うお》の棲《す》むといふ
眼の無き魚の恋しかりけり

若山牧水『路上』（1911）

※美女に振り回され、失恋した傷心のさなかに詠んだ歌。

梯子《はしご》かけても届かぬ時は　空の星だと諦めろ

東北の盆踊り歌

ミラボー橋の下をセーヌ川が流れ
ぼくらの恋も流れてゆく

Sous le pont Mirabeau coule la Seine
Et nos amours 〈仏〉

ギヨーム・アポリネール “Le Pont Mirabeau”（「ミラボー橋」）（1912）

愛はじゃがいもではないから窓から投げ捨てることはできない。

Любовь не картошка, не выбросишь в окошко. 〈露〉

ロシアのことわざ

片思い

unrequited love

思ふたを思ふたが思ふたかの、思はぬを思ふたが思ふたよの。
（自分を好きになってくれた人を好きになるのが本当の好きと言えるだろうか。好きになってくれない人を思うのが本当の好きだ）

『宗安小歌集』（江戸時代初期）

※恋の歌が大半を占める歌謡集。

恋の至極は忍恋《しのぶ》と見立て候《そうろう》

山本常朝『葉隠』（1716頃）

待てど暮せど来ぬ人を
宵待草のやるせなさ
今宵は月も出ぬさうな

流行歌「宵待草」（1913、竹久夢二作詞）

かの時に言ひそびれたる
大切の言葉は今も
胸にのこれど

石川啄木『一握の砂』（1910）

そうして、片恋というものこそ常に恋の最高の姿である。

太宰治「チャンス」（1946）

嫉妬

envy

こいつ（嫉妬）は緑色の目をした怪物で、人の心を餌食《えじき》にしてもてあそぶ。

It is the green-ey'd monster which doth mock
The meat it feeds on.

W・シェイクスピア『オセロー』（1602）

※オセローをだまして恋人を疑わせようとしている部下の言葉。

最も多く愛する者は、常に敗者であり、常に悩まねばならぬ

トオマス・マン『トニオ・クレエゲル』（1903）（実吉捷郎訳）

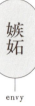

キス

kiss

手へのキスなら尊敬
おでこなら友情
頬なら喜び
唇なら愛情
まぶたなら憧憬
掌なら願望
腕と首なら情欲
それ以外は暴走

Auf die Hände küßt die Achtung,
Freundschaft auf die offne Stirn,
Auf die Wange Wohlgefallen,
Sel'ge Liebe auf den Mund;
Aufs geschloßne Aug' die Sehnsucht,
In die hohle Hand Verlangen,
Arm und Nacken die Begierde,
Übrall sonst die Raserei. 〈独〉

フランツ・グリルパルツァー“Kuß”（「接吻」）(1819)

※グリルパルツァーはオーストリアの劇作家。

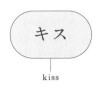

あたいのは冷たいけれど、のめっとしていいでしょう、何の匂いがするか知っていらっしゃる。空と水の匂いよ、おじさま、もう一遍して。

室生犀星『蜜のあわれ』（1959）

※「あたい」は「おじさま」が飼っている金魚。

私に千の口づけを

―da mi basia mille〈ラテン〉

ガイウス・ウァレリウス・カトゥッルス
『詩集』第5歌（紀元前1世紀）

※ローマ共和期の詩人。

性行為

sex

をみなとはかゝるものかも春の闇

日野草城（1934）

※おみな＝女。新婚第一夜を想定して詠んだ連作「ミヤコ・ホテル」の一句。

我が身は成り成りて、成り余れるところ一処あり。故《かれ》この吾が身の成り余れる処を、汝《な》が身の成り合はぬ処に刺し塞《ふた》ぎて、国土《くに》生み成さむと思ほすはいかに

『古事記』（712）

※国を産む前、イザナギがイザナミを性交に誘うやりとり。成り合はぬところ＝女性器、成り余れるところ＝男性器。

性欲

libido

愛の癒やしは雨上がりの日差しのよう
されど情欲は晴天のあとの嵐のよう
愛の穏やかな春はいつまでもみずみずしい
情欲の冬は夏が半分終わらないうちにやってくる
愛は貪らず、情欲は大食漢のように死ぬまで食らいつくす

Love comforteth like sunshine after rain,
But Lust's effect is tempest after sun;
Love's gentle spring doth always fresh remain,
Lust's winter comes ere summer half be done;
Love surfeits not, Lust like a glutton dies;

W・シェイクスピア『ヴィーナスとアドーニス』(1593)

私に貞潔と節制をお与えください。でも、今すぐにではありません。

da mihi castitatem et continentiam, sed noli modo.〈ラテン〉

アウレリウス・アウグスティヌス『告白』(397)

世間の人は性欲の虎を放し飼にして、どうかすると、その背に騎《の》って、滅亡の谷に墜《お》ちる。自分は性欲の虎を馴らして抑えている。

森鷗外『ヰタ・セクスアリス』（１９０９）

多婬《たいん》の人は、画《えが》ける女にも欲を生ず（性欲の強い者は絵の中の女にも欲情する）

『日本霊異記』「愛欲を生じて吉祥天女の像《かたち》に恋ひ、感応して奇《めずら》しき表《しるし》を示しし縁　第一三」（平安時代初期）

※吉祥天女の像と交接することを夢に見た仏教修行者の話。

恋愛は唯《ただ》性慾の詩的表現を受けたものである。

芥川龍之介『侏儒の言葉』（１９２７）

結婚

marriage

「この世の人は、男は女にあふことをす。女は男にあふことをす（中略）」。かぐや姫のいはく、「なんでふ、さることかしはべらむ」

『竹取物語』（平安時代前期）

※この世界では男と女は結婚するものだと言う翁に、かぐや姫は「どうしてそんなことをするの？」と聞く。

私たちはメリー・ゴー・ラウンドに乗ったまま、一生降りないでいましょうね。

― We'll get on a merry-go-round and never get off.

映画『或る夜の出来事』（１９３４）

※富豪の娘エリーが結婚する相手に向かって言う言葉。

二人の結婚は美しかった。なぜなら、彼女は離婚する力を持っていたから。
二人の離婚もまた美しかった。なぜなら、彼女は友だちとなれる心を持っていたから。

川端康成『離婚の子』（1929）

※双方が高名な小説家である夫婦の離婚後の生活を描いた短編。それぞれに新しい妻や恋人ができても幼い息子は軽やかに二人の住居の間を行き来する。

「それで結婚をなさらないんですか」
先生は笑いだした。
「それほど浪漫的《ロマンチック》な人間じゃない。ぼくは君よりもはるかに散文的にできている」

夏目漱石『三四郎』（1908）

※結婚に否定的な広田先生の言葉。

独り身で財産をたっぷり所有している男性は妻を必要としているに違いないというのは、あまねく認められている真理である。

It is a truth universally acknowledged, that a single man in possession of a good fortune must be in want of a wife.

ジェイン・オースティン『自負と偏見』（1813）

※有名な冒頭の一節。

結婚は実に人間の航路に於《お》ける唯一の連合艦隊也《なり》

石川啄木　明治35年（1902）の日記

夫婦

couple

たのしみは春の桜に秋の月
夫婦中よく三度くふめし

五代目市川團十郎《だんじゅうろう》

※江戸時代の歌舞伎役者（1741〜1806）。「花道つらね」の狂名を持ち狂歌師としても活躍していた。

隣りなき世をかくれ家のうれしきは
月と虫とに相宿《あいやど》りして

山縣狂介（有朋）（1867頃）

※山縣有朋は奇兵隊の軍監時代、下関に「無隣庵」を建て、隣近所のいない小さな家で新婚生活を送った。和歌は無隣庵の歌碑に記されたもの。当時は吉田松陰（165ページ参照）の影響で「狂介」と名乗っていた。

わたくしは自分達を夫とか妻とか考えません。同棲《どうせい》する親愛なそして相憐《あいあわ》れむべき人間同志と思って居ます。そして元来が飽き安い人間の本能を征服出来て同棲を続ける者同志の因縁の深さを痛感します。わたくしは因縁こそ実に尊くそれを飽迄《あくまで》も大切にすべきものだと信じて居ります。其処《そこ》に優しい深切《しんせつ》な愛情が当然起るのであります。

岡本かの子「家庭愛増進術」（1929）

こなた百までわしゃ九十九まで、髪に白髪の生《は》ゆる迄《まで》。

『山家鳥虫歌』（1772）

※各地から民謡を集めた江戸中期の民謡集。現在も「お前百までわしゃ九十九まで」という形で知られるが、もともとは和泉国（現・大阪府南西部）の俗謡。女性の立場から歌ったもの。

花が咲いたなら其《そ》れをば二人同じような心持《こころもち》で眺めたい。蝶《ちょう》が飛んだら二人して其れを追いたい。

永井荷風『冷笑』（1910）

※貞淑で倹約家の妻にがっかりしている夫が理想の夫婦像を思い描く。

汝《いまし》を悲しとおもふが故に来つ。

『日本書紀』（720）

※死んだイザナミを黄泉（よみ）の国まで追いかけてきたイザナギの言葉。「悲し」は「いとしい」という意味。

友情

friendship

光あるものは光あるものを伴《とも》とす

無住『沙石集』一・五（1283）

※鎌倉時代の仏教説話集。智恵の光がある人は同じ光がある人同士で寄り集まること。

小さい星は明るい月のそばでは光を失う。僕はあなたのそばで、自分に光がないのかと思った。

新美南吉　友人・巽聖歌《たつみせいか》宛ての手紙（1941）

碁敵《ごがたき》は憎さも憎しなつかしし

江戸時代の川柳

一日見ず、三月の如し、嗚呼《ああ》友情とはこの謂《いい》か

高杉晋作　桂小五郎宛ての手紙（1862）

※9月28日のもの。一日会えないだけで3か月のように感じるという意味。

友をえらばば書を読んで
六分の俠気《きょうき》四分の熱

与謝野寛（鉄幹）「人を恋ふる歌」（『鉄幹子』（1901）所収）

※時雨音羽著『日本歌謡集』（1963）に収録されているバージョンでは「書を読んで」が「書を読みて」とあり、こちらで引用されることも多い。

友情。信頼。私は、それを「徒党」の中に見たことが無い。

太宰治「徒党について」（1948）

世の中に人の来るこそうれしけれ
とはいふもののお前ではなし

内田百閒「お前ではなし」（『無伴奏』（1953）所収）

※江戸時代の狂歌師・大田蜀山人（しょくさんじん　大田南畝の別号）の狂歌「世の中に人の来るこそうるさけれ　とはいふもののお前ではなし」をもじったもの。内田百閒はこの2つの狂歌を玄関の呼び鈴のある柱に貼っていた。

友よ
僕らは
きみはやっぱり男で
ぼくもあひにく男だ

山之口貘「散歩スケッチ」（『山之口貘詩集』（1958）所収）

いま咲くばかり薫をふくんでふくらんでる牡《ぼ》丹《たん》の蕾《つぼみ》がこそぐるほどの蝶の羽風にさえほころびるように、ふたりの友情はやがてうちとけてむつびあうようになった。

中勘助『銀の匙』（1915）

君が死ねば、君の空席が、いつまでも私の傍に在るだろう。君が生前、腰かけたままにやわらかく窪《くぼ》みを持ったクッションが、いつまでも、私の傍に残るだろう。この人影のない冷い椅子は、永遠に、君の椅子として、空席のままに存続する。

太宰治「思案の敗北」（1937）

一人は皆のために、皆は一人のために

Unus pro omnibus, omnes pro uno 〈ラテン〉

ラテン語の成句

※スイスの標語。アレクサンドル・デュマ『三銃士』における三銃士の合言葉としても広く知られているが、フランス語による同書では"Tous pour un, un pour tous."（皆は一人のために、一人は皆のために）と前後逆転した形で登場する。

【友情】晴天なら二人乗れるが、悪天候時には一人しか乗れない大きさの船。

FRIENDSHIP, n. A ship big enough to carry two in fair weather, but only one in foul.

アンブローズ・ビアス『悪魔の辞典』（1911）

人間
human

まして人間のごとき、無智無力見る影もなき蛆虫《うじむし》同様の小動物にして、石光電火の瞬間、偶然この世に呼吸眠食し、喜怒哀楽の一夢中、たちまち消えて痕なきのみ。

福沢諭吉『福翁百話』（１８９７）

※広大な宇宙から見れば人間は蛆虫も同然、稲妻の光と同じくらいすぐ消えてしまう存在なのだから、蛆虫相応の覚悟を決めよと説く。その覚悟とは「人生本来戯（たわむれ）と知りながら、この一場の戯れを戯れとせずしてあたかも真面目に勤め」ることだという。

人はばけもの、世にない物はなし

井原西鶴『西鶴諸国ばなし』序文（１６８５）

※さまざまな地方の怪談奇事を集めた浮世草子。序文で２００歳以上生きた尼などを列挙し、人間は化け物であり、どんなものでもありうるとする。

私は人間ではない、ダイナマイトである。
―Ich bin kein Mensch, ich bin Dynamit.〈独〉

フリードリヒ・ニーチェ『この人を見よ』（１９０８）

※宗教などこれまで神聖視されてきた一切のものを吹き飛ばすというような意味あい。このあと「宗教的な人間と接したあとでは手を洗わずにはおれない」「私は『信者』を求めていない」「聖人にはなりたくない、道化師であるほうがましだ」「聖人ほどのうそつきはいない」といった宗教批判が続く。

運命に従順な人間の姿は奇妙に美しいものである。

坂口安吾『堕落論』（１９４７）

男の子・男性

boy/male

男の子って何でできてる?
カエルにカタツムリ
それに子犬のしっぽ
そういうものでできてるよ

What are little boys made of, made of?
What are little boys made of?
Snips and snails, and puppy-dogs' tails;
That's what little boys are made of, made of.

イギリスの古い童謡 "What Are Little Boys Made Of?"

男といふものは
みなさん　ぶらんこ・ぶらんこお下げになり、
知らん顔して歩いてゐらつしやる。

室生犀星「夜までは」(『昨日いらつしつて下さい』(1959) 所収)

夕すゞみよくぞ男に生れけり

宝井其角『五元集拾遺』(1747)

われ男《お》の子意気の子名の子つるぎの子
詩の子恋の子あゝもだえの子

与謝野鉄幹『紫』（1901）

大丈夫、宇宙の間に生れて、何ぞ久しく筆
研につかへんや。

高杉晋作『東帆録』（1860）

※「大丈夫」は立派な男子の意。軍艦教授所に入り、航海実習に参加する際に記した文。男子たるもの、広大な宇宙に生まれたのだから机にかじりついているばかりではいけない、というような意味。

力など望まで弱く美しく
生れしまゝの男にてあれ

岡本かの子『かろきねたみ』（1912）

女の子・女性

girl/female

女の子って何でできてる?
砂糖とスパイス
それに素敵な何か
そういうものでできてるよ

What are little girls made of, made of?
What are little girls made of?
Sugar and spice, and all things nice;
That's what little girls are made of, made of.

イギリスの古い童謡"What Are Little Boys Made Of?"

レディは後戻りしない。

The Lady's not for turning.

マーガレット・サッチャー　保守党会議での演説(1980)

※首相時代の演説。クリストファー・フライの1948年の詩劇"The Lady's Not For Burning"(『この女焚刑に及ばず』)のタイトルのもじり。

良い女の子は天国に行ける、悪い女の子はどこへでも行ける。

Good Girls Go to Heaven — Bad Girls Go Everywhere.

ヘレン・ガーリー・ブラウン(『ニューヨーク・タイムズ』紙(1982))

十二、三歳の少女の話を、まじめに聞ける人、ひとりまえの男というべし。

太宰治「HUMAN LOST」（1937）

をみなにて又も来む世ぞ生れまし
花もなつかし月もなつかし
（来世もまた女で生まれたい。花も月もこんなになつかしいのだから）

山川登美子（『明星』午歳第1号（1906））

※27歳のとき、肺結核で療養中に詠んだ短歌。「死の大前に」と題する中の一首。

緑蔭に三人の老婆わらへりき

西東三鬼『旗』（1940）

鬼と女とは、人に見えぬぞよき

「虫めづる姫君」『堤中納言物語』（平安時代後期）

※虫好きで引きこもりがちな姫の言葉。『源氏物語』の「雨夜の品定め」での学問好きの女性に対する男性貴族の言葉「いづこのさる女かあるべき。おいらかに鬼とこそ向ひゐたらめ」（どこにそんな変わった女がいるんだ。おとなしく鬼と一緒にいるほうがましだな）をふまえている。

あこはただ、男になりてぞ走り歩きたき

作者不詳『新蔵人《しんくろうど》物語』（室町時代）

※絵巻物語。子どもの自主性を尊重する両親のもとのびのび育った貴族の少女は、男のように自由に走り回りたいと願い、男装して帝に仕えることになる。

我は十二三の嬋娟《せんけん》たる少女となりて野花を摘むの無邪気に反《か》えることを得ば、死すとも恨むところなし

北村透谷「幽境の逍遥」（1892）

世代

generation

あなたたちは皆、失われた世代なの。

— You are all a lost generation.

ガートルード・スタイン

※スタインがヘミングウェイに投げかけた言葉。ヘミングウェイ『日はまた昇る』のエピグラフに採用されている。青年期に第一次世界大戦を迎えて従来の価値観を疑うようになった世代を指す。ここから、ヘミングウェイやフィッツジェラルドなど1920〜30年代にアメリカで活躍した作家はロストジェネレーション（失われた世代）と呼ばれるようになった。

文明うまれの人は只《ただ》、もの頑《かたくな》に心得て、今の世にはあひ難《がた》し。

曲亭馬琴『占夢《ゆめあわせ》南柯《なんか》後記《こうき》』（1812）

※文明は年号を指す（1469〜87）。舞台は室町時代末。若者が古い年号生まれの老人に向かって世代間ギャップを指摘している箇所。

自己

self

人間にせよ、動物にせよ、己を知るのは生涯の大事である。己を知る事が出来さえすれば人間も人間として猫より尊敬を受けてよろしい。

夏目漱石『吾輩は猫である』（1906）

わたくしといふ現象は
仮定された有機交流電燈の
ひとつの青い照明です

宮沢賢治『春と修羅』序（1924）

僕である僕とは
僕であるより外には仕方のない僕なのか

山之口貘「存在」（『山之口貘詩集』（１９５８）所収）

野生の生きものが自らを哀れむ姿を
私は見たことがない
小鳥は凍え死んで枝から落ちるとも
自分が哀れだとは決して思わないだろう

I never saw a wild thing
sorry for itself.
A small bird will drop frozen dead from a bough
without ever having felt sorry for itself.

Ｄ・Ｈ・ロレンス "Self-Pity"（「自己憐憫」）（１９２９）

怪物と闘う者は、その過程で自らも怪物にならぬように気をつけよ。お前が深淵を長い間のぞきこめば、深淵もまたお前をのぞきこむ。

Wer mit Ungeheuern kämpft, mag zusehn, dass er nicht dabei zum Ungeheuer wird. Und wenn du lange in einen Abgrund blickst, blickt der Abgrund auch in dich hinein. 〈独〉

フリードリヒ・ニーチェ『善悪の彼岸』(1886)

※「深淵をのぞくとき、深淵もまたこちらをのぞいているのだ」としてよく引用されるフレーズ。

汝自身を知れ

γνῶθι σεαυτόν 〈古代希〉

古代ギリシアの神託所であるデルフォイの
アポロン神殿の入口に刻まれた格言

※読み方は「gnôthi seautón (グノーティ・セアウトン)」。ソクラテス以降、「自分自身の精神を探求せよ」という意味で解されるようになった。ラテン語では通常“nosce te ipsum”と表記する。

急ぐ必要はない。キラキラする必要もない。自分以外の誰かになる必要もない。

No need to hurry. No need to sparkle. No need to be anybody but oneself.

ヴァージニア・ウルフ“A Room of One's Own”
(『自分ひとりの部屋』)(1929)

他者

others

地獄とは他人のことだ。

—L'enfer, c'est les autres. 〈仏〉

ジャン＝ポール・サルトル『出口なし』（1944）

※死後地獄に落ちた3人の男女の会話で構成される戯曲。戦争から逃げて銃殺された平和主義者のガルサンは自分が卑怯者ではないことを2人の女たちに承認してもらおうとし、最終的にこのセリフを口にする。

他人を攻撃したって、つまらない。攻撃すべきは、あの者たちの神だ。敵の神をこそ撃つべきだ。でも、撃つには先《ま》ず、敵の神を発見しなければならぬ。

太宰治「如是我聞」（1948）

余は世を愛さず、世も余を愛さなかった。

—I have not loved the world, nor the world me;

ジョージ・ゴードン・バイロン"Childe Harold's Pilgrimage"（『チャイルド・ハロルドの巡礼』）（1812〜18）

人にして人を毛嫌いするなかれ。

福沢諭吉『学問のすすめ』（1872〜76）

※同書をしめくくる一文。

吾すれば人もするかと思ひきに人々ぞなき人の世の中

高杉晋作（1863）

※自分が去れば他人もついてくると思ったのに、誰もついてこないという嘆きの歌。

顔

face

説経の講師は、顔よき。講師の顔をつとまもらへたるこそ、その説くことのたふとさもおぼゆれ。

（経文を講義する僧は顔がいい人にかぎる。僧の顔を夢中になって見ていられるおかげで、説く内容も尊く感じられる）

清少納言『枕草子』第三一段（平安時代中期）

自分のつらが曲がっているのに、鏡を責めて何になろ。

ニコライ・ゴーゴリ『検察官』（1836）（米川正夫訳）

おれは美人の形容などが出来る男でないから何にも云えないが全く美人に相違ない。何だか水晶の珠《たま》を香水で暖《あっ》ためて、掌《てのひら》へ握ってみたような心持ちがした。

夏目漱石『坊っちゃん』（1906）

海棠《かいどう》の眠り未だ足らず

日本のことわざ

※酒に酔った美女がとろんとして海棠の花のようにほんのり赤くなっているさま。唐の玄宗皇帝が酔った楊貴妃の姿を評した言葉に由来する。

いつでも悪魔の子は様子が美しい顔が美しい

『アイヌ神謡集』（知里幸惠編訳）（1923）

文化
culture

神
god

我はアルパなり、オメガなり、最先《いやさき》なり、最後《いやはて》なり、始なり、終なり。

新約聖書『ヨハネの黙示録』22章13節

※アルファ（A）とオメガ（Ω）は、ギリシア文字の最初と最後の文字。すべては神に始まり神に還るということ。「われはアルファなり、オメガなり」という訳もある。

赦さるる事の少き者は、その愛する事もまた少し

新約聖書『ルカによる福音書』7章47節

わが名はレギオン、我ら多きが故なり

新約聖書『マルコによる福音書』5章9節

※レギオンは新約聖書に登場する悪霊。悪霊に憑依（ひょうい）された男がイエスに名を問われてこう答える。映画『ガメラ2』では「我が名はレギオン。我々は、大勢であるがゆえに」という訳で引用された。

銀の滴降る降るまはりに、金の滴降る降るまはりに

『アイヌ神謡集』（知里幸惠編訳）（1923）

※アイヌの神であるシマフクロウが飛びながら歌う神謡。

もし神がないとすれば、その時は僕が神なのだ。

フョードル・ドストエフスキー『悪霊』（1872）（米川正夫訳）

※無神論者キリーロフの言葉。

科学
science

世界からどう見えるかはわからないが、自分の生涯は、海辺で遊ぶ少年みたいなものだったように思われる。いまだ発見されざる真理という大海原を目の前にしながら、ひときわ滑らかな小石やきれいな貝殻を時折見つけることを、ただ楽しんでいるだけの少年だった。

アイザック・ニュートン

※デイヴィッド・ブリュースター『ニュートンの思い出』（1855）より。

哲学は、たえず私たちの目の前に開かれているこの偉大な書物、すなわち宇宙に書かれている。しかし、まずは言語と文字を学ばなければ理解できるものではない。宇宙は数学の言語で書かれており、その文字とは三角形や円などの幾何学的図形である。それなしでは、暗い迷宮をさまようようなものである。

ガリレオ・ガリレイ『偽金鑑識官』（1623）

だが科学への入口では、地獄への入口と同じように、次の要求が掲げられねばならない。

ここでいっさいの逡巡を絶たねばならぬ。
臆病な心はことごとくここで滅ぼすべし。

――ダンテ『神曲』

カール・マルクス『経済学批判』序言（1859）

頭のいい人には恋ができない。恋は盲目である。科学者になるには自然を恋人としなければならない。自然はやはりその恋人にのみ真心を打ち明けるものである。

寺田寅彦「科学者とあたま」（１９３３）

許可を得るよりあとで謝るほうが簡単です。

It's easier to ask forgiveness than it is to get permission.

グレース・ホッパー（米海軍『Chips Ahoy』誌（１９８６））

※もともとある言い回しだが、プログラミング言語「COBOL」を開発した女性プログラマーの口癖として知られる。コンピュータの世界では良いアイデアはとっとと形にしたほうがいいということ。引用は米海軍を退役する際のもの。

科学はやはり不思議を殺すものでなくて、不思議を生み出すものである。

寺田寅彦「蒸発皿」（１９３３）

※２匹の猫の動きを見て、「その自由意志が秋毫（しゅうごう）も宇宙線に影響されないとは保証できないような気がする」と空想する。

十分に発達したテクノロジーは、魔法と見分けがつかない。

Any sufficiently advanced technology is indistinguishable from magic.

アーサー・C・クラーク "Profiles of the Future"
（邦訳『未来のプロフィル』）（１９７３）

※「クラークの３法則」と呼ばれるもののうちの第３法則。彼の科学エッセイ集である同書の１９７３年の改訂版で追加された。

哲学

philosophy

語りえぬものについては、沈黙しなければならない。

Wovon man nicht sprechen kann, darüber muss man schweigen. 〈独〉

ルートヴィヒ・ウィトゲンシュタイン『論理哲学論考』（1921）

ミネルヴァの梟《ふくろう》は黄昏どきに飛び立つ。

die Eule der Minerva beginnt erst mit der einbrechenden Dämmerung ihren Flug. 〈独〉

ゲオルグ・ヴィルヘルム・フリードリヒ・ヘーゲル『法の哲学』序文（1821）

※ミネルヴァは詩や知恵などを司るローマ神話の女神。ミネルヴァの聖鳥が梟であったことから、「ミネルヴァの梟」は伝統的に知恵の象徴とされてきた。ここでは、哲学を構成する状況の認識は一つの時代の締めくくりになされるものであり、哲学は時代を確立できるものではないことをたとえている。

万物は流転する

Panta Rhei 〈古代希・ラテン文字表記〉

ヘラクレイトス（紀元前6～5世紀頃）

※古代ギリシアの哲学者。原文は「パンタ・レイ」と読む。万物の根源を「永遠に生きる火」とし、それが水、土に変化すると考えた。

私は何を知っているか？

Que sais-je? 〈仏〉

ミシェル・ド・モンテーニュ『エセー』（1580）

※フランスのモラリスト。随筆（エッセイ）という文学形式の創始者とされる。読み方は「ク・セ・ジュ」。「私は何を知っているのか（何も知らないのではないか）」という懐疑主義を表す言葉。原文は古いフランス語で"Que sçay-ie?"

芸術

art

四角な世界から常識と名のつく、一角《いっかく》を磨滅《まめつ》して、三角のうちに住むのを芸術家と呼んでもよかろう。

夏目漱石『草枕』（１９０６）

芸術は短く、貧乏は長し

直木三十五　文学碑の碑文

芸術は、命令することが、できぬ。芸術は、権力を得ると同時に、死滅する。

太宰治『善蔵を思う』（１９４０）

「芸術とは何ですか。」
「すみれの花です。」
「つまらない。」
「つまらないものです。」

太宰治「かすかな声」（１９４０）

虚にして虚にあらず、実にして実にあらず

近松門左衛門

※浄瑠璃の語句に関する評釈書『難波土産』（１７３８）に聞き書きとして収められたもの。「虚実皮膜論」として知られる。芸は虚と実の間にあり、本物をそのまままねるのではなく、芸術になるようデフォルメすることが重要であると説く。

背のびしてミューズの蹠《あし》をくすぐらん

川島雄三（映画監督）が好んで口にした言葉

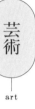

美
beauty

美しい「花」がある、「花」の美しさという様なものはない。

小林秀雄「当麻《たえま》」（1942）

※能の曲目「当麻」の評論文の一節で、文芸評論家・小林秀雄の言葉として最もよく知られるもの。美しさという観念に頭を悩ますのではなく、観念よりもはるかに微妙で深遠な目の前の肉体の動きに注目せよという。

天にありては星、地にありては花、人にありては愛。是《こ》れ世に美《うる》わしきものの最ならずや。

高山樗牛《ちょぎゅう》「『今戸心中』と情死」（『太陽』1896年8月号）

美術
fine art

ためらふな、恥ぢるな
まつすぐにゆけ、
汝《なんじ》のガランスのチューブをとつて
汝のパレットに直角に突き出し
まつすぐにしぼれ

村山槐多「一本のガランス」（1918）

※ガランスとはフランス語の色名で茜色（あかねいろ）のこと。画家としての村山槐多はこの色を愛していた。

偉大な芸術とは、その前でわれわれが死にたいと願うところのものである。

岡倉天心『東洋の理想』（1903）

靴屋よ、靴を超えるな

―Sutor, ne ultra crepidam〈ラテン〉

ラテン語の格言

※専門外に口を出すなということ。読み方は「スートル、ネ・ウルトラ・クレピダム」。古代ギリシアの画家アペレスが靴屋に靴描写の欠点を指摘されて直したが、図に乗った靴屋が脚の形まで難癖をつけてきたという大プリニウス『博物誌』35巻の記述より。

将来、誰もが15分間は世界的な有名人になれるだろう。

―In the future everybody will be world famous for fifteen minutes.

アンディ・ウォーホル（１９６８）

※ストックホルムの近代美術館で開催されたウォーホルの展覧会のカタログに記された言葉。ＳＮＳ時代を予見していたといわれる。

音楽

music

音楽がなければ、人生は一つの間違いだろう。

―Ohne Musik wäre das Leben ein Irrthum.〈独〉

フリードリヒ・ニーチェ『偶像の黄昏』（１８８８）

※「幸福に属するものがいかに少ないか！　バグパイプの音色がそれだ」に続くフレーズ。

その歌に言葉なく、歌声は決して終わらない。

―the song was wordless; the singing will never be done.

ジークフリード・サスーン“Everyone Sang”（「誰もが歌った」）（１９１９）

※イギリスの詩人で兵士。第一次世界大戦の休戦を祝う詩。

聞きたまえ、夜の子どもたちの声を。なんて
素晴らしい音楽だろう！

―Listen to them―the children of the night. What music they make!

ブラム・ストーカー『ドラキュラ』（1897）

みんなが町で暮したり
一日あそんでゐるときに
おまへはひとりであの石原の草を刈る
そのさびしさでおまへは音をつくるのだ
多くの侮辱や窮乏の
それらを噛《か》んで歌ふのだ
もしも楽器がなかったら
いゝかおまへはおれの弟子なのだ
ちからのかぎり
そらいっぱいの
光でできたパイプオルガンを弾くがいゝ

宮沢賢治「告別」（1925）（『春と修羅　第二集』所収）

音楽が恋の糧になるなら、奏で続けてくれ。

―If music be the food of love, play on.

W・シェイクスピア『十二夜』開幕のセリフ（1601頃）

音楽、この空気の詩

―Musik, diese Poesie der Luft,〈独〉

ジャン・パウル“Die unsichtbare Loge”（邦訳『見えないロッジ』）（1793）

詩歌

poetry

花に鳴く鶯《うぐいす》、水に住む蛙《かわず》の声を聞けば、生きとし生けるもの、いづれか歌をよまざりける。

『古今和歌集』仮名序（平安時代前期）

代々の勅撰集《ちょくせんしゅう》の如き者が日本文学の城壁ならば、実に頼み少き城壁にて、かくの如き薄ッぺらな城壁は、大砲一発にて滅茶滅茶に砕け可申候《もうすべくそうろう》。

正岡子規「歌よみに与ふる書」

※短歌の革新を目指した子規は、1898年から連載した「歌よみに与ふる書」で『万葉集』の尊重を説き、旧派の歌人を攻撃した。

牛飼が歌よむ時に世のなかの新しき歌大いにおこる

伊藤佐千夫（1900）

※『左千夫歌集』の巻頭におかれている有名な一首。実際に牛乳搾取業をしていた伊藤佐千夫が正岡子規の短歌革新運動に共鳴して詠んだもの。

詩は神秘でも象徴でも鬼でもない。詩はただ、病める魂の所有者と孤独者との寂しいなぐさめである。

萩原朔太郎「序」（『月に吠える』（1917）所収）

短歌は一箇の小さい緑の古宝玉である、古い悲哀時代のセンチメントの精《エッキス》である。

北原白秋「桐の花とカステラ」（『桐の花』（1913）所収）

詩とは、陸に棲《す》みながら空を飛びたいと願う海獣の日記である。詩を書くとは、知られざるもの、知りえないものの壁を撃つための音節を探すことである。

カール・サンドバーグ
(『アトランティック』誌(1923年3月))

氷ばかり艶なるはなし
(氷ほど優美なものはない)

心敬『ひとりごと』(1468)

※室町時代の連歌師。同じく連歌論である『ささめごと』で、「水精の物にるりをもりたるやうにといへり、これはさむく清かれとなり」と記したように、「清く寒く」感ずる中世的な「冷え」の美を説いた。

詩を書かないでいると死にたくなる人だけ詩を書くといいと思います。

高村光太郎(1927)

※雑誌のアンケート「詩界に就いて」に答えたもの。

映画
movie

生きて行く力

いやになってしまった活動写真を、おしまいまで、見ている勇気。

太宰治「碧眼托鉢」(1936)

共感覚

synesthesia

Aは黒、Eは白、Iは赤、Uは緑、Oは青

A noir, E blanc, I rouge, U vert, O bleu〈仏〉

アルチュール・ランボー“Voyelles”（「母音」）（1883）

香り、色、音は互いに呼応し合う

ある香りはこどもの肌のようにみずみずしく
オーボエのように甘美で、草地のように青く
——別の香りは堕落し、豪華できらびやか

Les parfums, les couleurs et les sons se répondent.

Il est des parfums frais comme des chairs d'enfants,
Doux comme les hautbois, verts comme les prairies,
— Et d'autres, corrompus, riches et triomphants,〈仏〉

シャルル・ボードレール“Correspondances”（「交感」）
（『悪の華』（1857）所収）

海くれて鴨のこゑほのかに白し

松尾芭蕉『野ざらし紀行』（1698）

シュール
surreal

解剖台の上でのミシンと蝙蝠傘《こうもりがさ》の偶然の出会いのように！

comme la rencontre fortuite sur une table de dissection d'une machine à coudre et d'un parapluie! 〈仏〉

ロートレアモン『マルドロールの歌』（1874）

※長編散文詩で、作者没後に刊行された。引用部分は16歳のイギリス少年マーヴィンの美しさを形容したもの。シュルレアリスム運動の芸術家たちに好まれたフレーズ。

吾妹子《わぎもこ》が額に生《お》ふる双六《すごろく》の
牡牛《こといのうし》の鞍《くら》の上の瘡《かさ》

（妻の額に生えた双六盤の大きな牡牛の鞍の上の腫物）

安倍子祖父《あべのこおじ》『万葉集』巻一六・三八三八（奈良時代末期）

※宴席で「意味の通じない歌を作った者に褒美を与える」と舎人（とねり）親王に言われて詠んだ無意味な歌。

賭博ねこ
詐欺更紗
瀆職天鵞絨《とくしょくびろうど》
姦淫林檎《りんご》
傷害雲雀《ひばり》
殺人ちゆりつぷ

山村暮鳥「囈語《げいご》」（『聖三稜玻璃《せいさんりょうはり》』（1915）所収）

※「竊盗金魚」からはじまり「誘拐かすてえら。」で終わる13行の詩の一部。ダダイズムやシュルレアリスムの運動に先立つ前衛的な作品として知られる。

本

book

そして読み終えたら、この本を捨てて外に出よう。この本を読んだことで、君が外に出ようとする気持ちになってくれるといい。どこからだって出て行ける。君の住む街、君の家族、君の部屋、君の観念からだって。

Et quand tu m'auras lu, jette ce livre – et sors. Je voudrais qu'il t'eût donné le désir de sortir – sortir de n'importe où, de ta ville, de ta famille, de ta chambre, de ta pensée. 〈仏〉

アンドレ・ジッド『地の糧』(1897)

この物語に主題を見出そうとする者は告訴される。教訓を見出そうとする者は追放される。プロットを見出そうとする者は射殺される。

> Persons attempting to find a motive in this narrative will be prosecuted; persons attempting to find a moral in it will be banished; persons attempting to find a plot in it will be shot.

マーク・トウェイン『ハックルベリー・フィンの冒険』(1884)

※巻頭に記された著者からの警告。

幸せな少数の読者へ

—TO THE HAPPY FEW

スタンダール『赤と黒』『パルムの僧院』の献辞（19世紀前半）

大きい本は大きな悪

—mega biblion, mega kakon〈古代希・ラテン文字表記〉

カリマコス（紀元前310頃〜紀元前240頃）

※古代ギリシアの詩人・学者。アレクサンドリア図書館の司書として、ギリシアの学問的業績を大目録にまとめた。小品を好み、長大な叙事詩を批判した。

主人に取っては書物は読む者ではない眠を誘う器械である。活版の睡眠剤である。

夏目漱石『吾輩は猫である』（1906）

つまりこの世の一切は、一巻の書物に帰着するために存在する。

—sommaire veut, que tout, au monde, existe pour aboutir à un livre.〈仏〉

ステファン・マラルメ "Le Livre, Instrument Spirituel"（「書物という精神的な道具」）（1897）

読書百遍　義自《おのずか》ら見《あらわ》る

『魏志　王粛伝』（3世紀末）

※どんな難しい書物も繰り返し読めば意味がわかってくるということ。日本のことわざとしては「読書百遍　意自ら通ず」という形で使われることもある。

朝に小説を読むと貧乏になる

朝鮮のことわざ

一日が始まる早朝、すべてがみずみずしく、自らの力がみなぎっているときに本を読むこと、それを私は堕落と呼ぶ！

Frühmorgens beim Anbruch des Tags, in aller Frische, in der Morgenröthe seiner Kraft, ein *Buch* lesen – das nenne ich lasterhaft!〈独〉

フリードリヒ・ニーチェ『この人を見よ』（1908）

庭と図書館があれば、必要なものはすべてそろっている。

si hortum in bibliotheca habes, deerit nihil.〈ラテン〉

マルクス・トゥッリウス・キケロ
『縁者・友人宛書簡集』（紀元前43）

※キケロはローマの政治家、哲学者。

ひとり灯《ともしび》のもとに文《ふみ》をひろげて、見ぬ世の人を友とするぞ、こよなう慰むわざなる。

兼好法師『徒然草』第一三段（鎌倉時代後期）

一穂《いっすい》の青灯　万古《ばんこ》の心
（ひとすじの青い灯火が、遠い昔の人たちの心を照らして見せてくれる）

菅茶山「冬夜読書」（江戸時代後期）

本を読むとは、自分の頭ではなく他人の頭で考えるということだ。

アルトゥール・ショーペンハウエル「読書について」（1851）

この世界のどんな書物も
君に幸せをもたらしはしない
だけど書物はひそかに
君が君自身に立ち返るように導いてくれる

必要なものはすべて君の中にある
太陽も、星も、月も
君が切望する光は
君自身の中に宿っている

Alle Bücher dieser Welt
Bringen dir kein Glück,
Doch sie weisen dich geheim
In dich selbst zurück.

Dort ist alles, was du brauchst,
Sonne, Stern und Mond,
Denn das Licht, danach du frugst,
In dir selber wohnt. 〈独〉

ヘルマン・ヘッセ“Bücher”（「書物」）(1918)

この本をひらいてみるだけでいいんだよ
ぼくらはずっとここにいるんだから
きみの友だちがいっぱいいる本に
終わりなんかない

All you do is to look
At a page in this book
Because that's where we always will be.
No book ever ends
When it's full of your friends

ロアルド・ダール"The Giraffe and the Pelly and me"
(邦訳『こちらゆかいな窓ふき会社』)(1985)

※お菓子屋に憧れる少年がキリンとペリカンとサルの窓ふき会社と出会い、夢をかなえるという内容の児童書。詩は物語の終わりにサルが少年に向けて歌った別れの歌。

文学はぜいたく品、フィクションは必需品。

Literature is a luxury; fiction is a necessity.

G・K・チェスタトン "The Defendant"(「三文小説弁護」)(1901)

文学は生活を無視する最も心地よい方法である。

A literatura é a maneira mais agradável de ignorar a vida.
〈ポルトガル〉

フェルナンド・ペソア『不安の書』(1982)

※ペソアは1888年生まれ、1935年没のポルトガル詩人。死後半世紀近く経ってから遺稿が刊行された。

文学は新しくあり続けるニュースである。

—Literature is news that STAYS news.

エズラ・パウンド"ABC of Reading"（１９３４）

はしるはしるわづかに見つつ、心も得ず心もとなく思ふ源氏を、一の巻よりして、人もまじらず、几帳《きちょう》のうちにうち臥して引き出でつつ見る心地、后の位も何にかはせむ。

（ワクワクしながらチラ読みして筋がつかめずじれったく思ってきた『源氏物語』を一巻から、誰にも邪魔されず几帳の中で寝転んで一冊ずつ読む気持ち、后の位なんてどうでもいいくらい幸せ）

菅原《すがわらの》孝標女《たかすえのむすめ》『更級日記』（１０６０頃）

古木は燃すべく、古酒は飲むべく、旧友は信ずべく、古書は読むべし。

—Old Wood best to burn, Old Wine to drink, Old Friends to trust, and old Authors to read.

フランシス・ベーコン"A Collection of Apophthegms New and Old"（『新旧警句集』）（１６２５）

図書館のねずみ

—rat de bibliothèque〈仏〉

フランスの慣用表現

※ひんぱんに図書館に通う人、本好きな人のたとえ。本の虫。

手紙
letter

忘れねばこそ思い出さず候《そうろう》

高尾太夫（17世紀半ば）

※伊達綱宗に身請けされた有名な花魁（おいらん）・高尾太夫が綱宗に宛てた恋文の名文句とされる。「あなたのことを思い出したりはしない、ひとときも忘れることがないから」という意味。

あなたは、ごきげんよろしいほで、けっこです。
あした、めんどなさいばんしますから、おいでんなさい。とびどぐもたないでくなさい。

山ねこ　拝

宮沢賢治「どんぐりと山猫」
（『注文の多い料理店』（1924）所収）

書く
write

手を切られたら足で書かうさ
足を切られたら口で書かうさ
口をふさがれたら
尻の穴で歌はうよ。

小熊秀雄「現実の砥石」（『小熊秀雄詩集』（1953）所収）

※戦時中は検閲のため刊行できず、没後発表された全集に収録された。

紙無ケレバ、土ニ書カン。空ニモ書カン

保田與重郎『日本に祈る』自序（1950）

※日本浪曼派の文芸評論家（1910〜81）。日本の伝統を賛美し、古典文学における「敗北の美学」を謳いあげ、第二次世界大戦下の青年たちを魅了した。昭和23年（1948）公職追放、昭和25年に同書を出版する。

女性が小説を書くのであれば、お金と自分ひとりの部屋を持たなければならない。

a woman must have money and a room of her own if she is to write fiction;

ヴァージニア・ウルフ“A Room of One's Own”
（邦訳『自分ひとりの部屋』）（1929）

創造とは、無からではなく混沌から生まれるものだと謙虚に認めなくてはならない。

Invention, it must be humbly admitted, does not consist in creating out of void, but out of chaos;

メアリー・シェリー『フランケンシュタイン』前書き（1831改訂版）

書いて心を空っぽにしなければ気が変になってしまう。

if I do not write to empty my mind, I go mad.

ジョージ・ゴードン・バイロン　トマス・ムーアに宛てた手紙（1821）

つねに講釈をたれようとする著者に災いあれ！
つまらなくする秘訣《ひけつ》は、すべてを語ることだ。

Mais malheur à l'auteur qui veut toujours instruire! Le secret d'ennuyer est celui de tout dire.〈仏〉

ヴォルテール“Discours en Vers sur l'Homme”
（「韻文による人間論」）（1738）

文字・言語

character/language

言語は詩の化石である。大陸の石灰岩が大量の微生物の殻が集まってできているように、言語はイメージや比喩からできている。

Language is fossil poetry. As the limestone of the continent consists of infinite masses of the shells of animalcules, so language is made up of images or tropes,

ラルフ・ワルド・エマーソン"The Poet"（「詩人」）（１８４４）

文字は人を殺し、霊は人を生かす。

新約聖書『コリント人への第二の手紙』３章６節

ふたつ文字牛の角もじすぐな文字
ゆがみもじとぞ君はおぼゆる

延政門院悦子

※後嵯峨天皇の皇女で１２５９年生まれ、１３３２年没。幼い頃に父に贈った歌。それぞれこ・い・し・くのひらがなの書き方を表しており、父を恋しく思う気持ちを表現したもの。『徒然草』第六二段で紹介される。

善日《よき》でござる
グーリ　デイ　シャア
Good day sir.

ジョン万次郎『英米対話捷径』（１８５９）

※幕命を受けたジョン万次郎によって編まれた英会話教本。日常的な英会話文に日本語訳とカタカナによる発音を添えたもの。I am pretty well. は「わたくしハ　ことのほかに　こころよひ」と訳される。

スポーツ

sports

もし君が栄光と災難に遭遇し得て
この二つの詐欺師をまったく同じように扱えるなら

If you can meet with Triumph and Disaster
And treat those two impostors just the same;

ラドヤード・キプリング「IF」(1895)

※ウィンブルドンのセンターコートへと出る通路の壁に引用されているキプリングの詩の一部。詩全体では、「もし君が夢見ることができ、夢を主人にしないなら」などいくつもの"IF"が続き、「地球とその中にあるものすべてが君のもの。そして君は一人前になる」と締めくくられる。

うそだと言ってよ、ジョー!

Say it ain't so, Joe!

野球ファンの少年(1919)

※1919年の米大リーグの八百長事件で永久追放されたジョー・ジャクソン選手にファンの子どもが投げかけたとされる言葉。ジョー・ジャクソン本人は声をかけられたこと自体を否定しているが、このフレーズは独り歩きしてさまざまなところで引用されている。

蝶《ちょう》のように舞い、蜂のように刺す。

Float like a butterfly, sting like a bee.

モハメド・アリ

※1964年にWBA・WBC世界ヘビー級統一王座を獲得したボクシング選手が自身の軽やかで正確な格闘スタイルを形容した言葉。

装い

dressing

僕には愛がない
僕は権力を持たぬ
白い襯衣《シャツ》の中の個だ

村野四郎「体操」（『体操詩集』（1939）所収）

※『体操詩集』は自らも体操が得意な詩人・村野四郎（1901～75）が、水泳の飛び込みなど各種スポーツを素材に実験作として発表した第2詩集。

こひびとよ、
おまへの　夜のくちびるを化粧しないでく
ださい、

大手拓次「夜の脣」（1928）

わたしはくちびるにべにをぬつて、
あたらしい白樺の幹に接吻《せつぷん》した、
よしんば私が美男であらうとも、
わたしの胸にはごむまりのやうな乳房がない、
わたしの皮膚からはきめのこまかい粉おし
ろいのにほひがしない、
わたしはしなびきつた薄命男だ、

萩原朔太郎「恋を恋する人」（『月に吠える』（1917）所収）

心ときめきするもの（中略）頭《かしら》洗ひ化粧じて、
香ばしうしみたる衣《きぬ》など着たる。ことに見る
人なき所にても、心のうちは、なほいとをかし。

清少納言『枕草子』第二七段（平安時代中期）

旅

travel

ふらんすへ行きたしと思へども
ふらんすはあまりに遠し
せめては新しき背広をきて
きままなる旅にいでてみん。

萩原朔太郎「旅上」（『純情小曲集』（1925）所収）

狐は穴あり、空の鳥は塒《ねぐら》あり、されど人の子は枕する所なし

新約聖書『マタイによる福音書』8章20節

※エルサレムへの旅に同行したいと言う人にイエスが投げかけた言葉。

三人行けば則《すなわ》ち一人《いちにん》を損す。

『易経』（紀元前8世紀頃）

※3人で旅行に行くと1人が仲間外れになりやすいということ。1人で行けば友が得られると続く。『易経』は四書五経と呼ばれる儒教の経典の一つ。

旅に病《やん》で夢は枯野をかけ廻《めぐ》る

松尾芭蕉『笈《おい》日記』（1695）

下下《げげ》も下下下の下国《げこく》の涼しさよ

小林一茶『七番日記』（1810～18）

※下国とは律令制で最下級の国のこと。故郷の奥信濃を自虐しつつ涼しさを讃えた。

月も水底に旅空がある

種田山頭火『草木塔』（1940）

放浪

wandering

すべての黄金がきらめくわけではない
彷徨《さまよ》う者すべてが迷い人とはかぎらない

All that is gold does not glitter,
Not all those who wander are lost;

J・R・R・トールキン『指輪物語』（1954）

※王の末裔（まつえい）であるアラゴルンの正体を明らかにする詩。

Miss Holiday Golightly, Travelling

トルーマン・カポーティ『ティファニーで朝食を』（1958）

※ヒロインが留守中にアパートの郵便受けの名札入れに入れていたカードの言葉。「ホリデー・ゴライトリーは旅行中」の意。

私は宿命的に放浪者である。

林芙美子『放浪記』（１９３０）

私は出掛けた、手をポケットに突つ込んで。

アルチュール・ランボー「わが放浪」
（中原中也訳『ランボオ詩集』（１９３７）所収）

故郷

hometown

嬉しきも故郷なり。悲しきも故郷なり。悲しきにつけても嬉しきは故郷なり。

正岡子規「故郷」（『養痾《ようあ》雑記』（１８９５）所収）

ふるさとは遠きにありて思ふもの
そして悲しくうたふもの

室生犀星「小景異情」（『抒情小曲集』（１９１８）所収）

古郷《ふるさと》やよるも障《さわる》も茨《ばら》の花

小林一茶『七番日記』（１８１０〜18）

※遺産問題で故郷に帰った一茶は、郷土の人々や継母たちに冷たくされ、どちらを向いてもとげばかりだとしてこの句を詠んだ。

故郷なんてものは、泣きぼくろみたいなものさ。気にかけていたら、きりが無い。手術したって痕《あと》が残る。

太宰治『善蔵を思う』（１９４０）

都会

city

余は都会の夜を愛し候《そろ》。燦爛《さんらん》たる燈火の巷《ちまた》を愛し候。

永井荷風「夜あるき」（『あめりか物語』（1908）所収）

※明治36年（1903）、23歳でアメリカに遊学。ニューヨークの夜を初めて見た荷風は、「電燈の魔界」だと驚き、「余が夢多き青春の眼には、燈火は地上に於ける人間が一切の欲望、幸福、快楽の象徴なるが如く映じ申候」と感じ入る。

都市の空気は自由にする。

―Stadtluft macht frei.〈独〉

ドイツのことわざ

※西北ヨーロッパの中世都市には、封建的隷属関係に耐えかねて都市に逃亡した農民に自由な法的地位を保障する都市法があった。

併《しか》しながら人は生きねばならぬ、生くる為《た》めには戦わなければならぬ、名を揚げねばならぬ、金は儲《もう》けねばならぬ、命がけの勝負はしなければならぬ。

徳富蘆花『思出の記』（1900～01）

※田舎出身の青年が都会から離れられない気持ちを吐露したもの。

わかい歯がきらめいて
ことばがまちをおよぐ、
ことばはおんがくになる、

室生犀星「わかい歯といふもの」（『続 女ひと』（1956）所収）

仕事

work

仕事は好きじゃない——だれだってそうだろ。だけど仕事の中に自分自身を見つける機会があるのは好きなんだ。他人じゃなく、自分にとっての自身の本当の姿——他の人間は知りようもないことだ。他人が見るのは、しょせん見世物としての自分さ。自分の本当の意味なんぞ、他人には決してわかりっこない。

I don’t like work—no man does—but I like what is in the work—the chance to find yourself. Your own reality—for yourself, not for others—what no other man can ever know. They can only see the mere show, and never can tell what it really means.

ジョセフ・コンラッド『闇の奥』(1899)

労働が喜びなら、人生は最高だ！
労働が義務なら、人生は奴隷だ！

Когда труд — удовольствие, жизнь — хороша! Когда труд — обязанность, жизнь — рабство! 〈露〉

マクシム・ゴーリキー『どん底』(1902)

仕事は熊ではないから森に逃げたりしない。

—Работа не медведь - в лес не убежит.〈露〉

ロシアのことわざ

※仕事は逃げないのでじっくり取り組もうという意味。「仕事は狼ではないから森に逃げたりしない」というバージョンもある。

世の中にすまじきものは宮仕ひ。我奉公の身ならずは、かかる憂き目によも合はじ。

(勤めになんか出るもんじゃない。人に使われる身じゃなかったら、こんな苦しい思いをせずにすんだのに)

幸若舞『信太《しだ》』(室町時代)

※平将門の孫である信太を川に沈めるよう主人に命じられた千原太夫がこぼす言葉。現代でも「すまじきものは宮仕え」という形で勤め人のつらさを嘆くフレーズとして使われる。

宮仕へする人を、あはあはしうわるき事に言ひ思ひたる男などこそ、いとにくけれ
(女性がお勤めに出ることを軽薄で悪いことのように言う男性、ほんと腹が立つ)

清少納言『枕草子』第二二段(平安時代中期)

※将来のことを考えず見せかけだけの幸せをひたすら夢見て暮らす女性はうっとうしい、それなりの身分の娘は勤めに出て社会勉強をしたほうがいいと書く。

我々は自分の庭を耕さなくてはいけません。

—il faut cultiver notre jardin.〈仏〉

ヴォルテール『カンディード』(1759)

※「この世はすべて最善」というライプニッツの最善説を信じる楽観主義者カンディードは、世界各地でさまざまな厄災に巻き込まれ、最終的にこの境地に達する。旅の同行者である厭世主義者のマルティンも「理屈をこねずに働きましょう」「それが人生を耐えうるものにする唯一の方法です」と口にする。

ショウほど素敵な商売はない
―There's No Business Like Show Business

アーヴィング・バーリン（１９４６）

※ミュージカル『アニーよ銃をとれ』のために書かれた曲のタイトル。１９５４年に同タイトルのミュージカル映画が制作された。

このころの我《あ》が恋力《こいぢから》記し集め
功《くう》に申さば五位の冠《かがふり》
（恋に使った労力を記録して自己評価シート
として出せば五位に出世できるレベル）

詠み人知らず『万葉集』巻一六・三八五八（奈良時代末期）

こころよく
我にはたらく仕事あれ
それを仕《し》遂《と》げて死なむと思ふ

石川啄木『一握の砂』（１９１０）

魂の嘆きを窒息させて、
せかせかと働きなさるからこそ、
やんがて姑《しゅうとめ》根性をも発揮なさるのだ。
休みなされ、
放胆になりなされ、
大きい声して歌いなされ。

中原中也「（休みなされ）」（１９３０頃）

世間

society

(それは世間が、ゆるさない)
(世間じゃない。あなたが、ゆるさないのでしょう?)

太宰治『人間失格』(1948)

世の中に無神経ほど強いものはない。あの庭先のトンボをごらん。しっぽを切って放しても、平気で飛んで行くではないか。

勝海舟『氷川清話』(1897~98)

※『氷川清話』は勝海舟晩年の回顧談を速記したもの。

処世

way of life

最も賢い生活は一時代の習慣を軽蔑しながら、しかもその又習慣を少しも破らないように暮らすことである。

芥川龍之介『河童』(1927)

※河童の哲学者マッグの書いた「阿呆の言葉」のひとつ。

大きな棍棒《こんぼう》を手に、穏やかに話せ
— speak softly and carry a big stick

第26代米国大統領セオドア・ルーズベルトの演説
"National Duties"(「国家の義務」)(1901)

※演説で西アフリカの格言として引用されたことで慣用句となった。

二十世紀の禁物は疾言《しつげん》と遽色《きょしょく》である。

夏目漱石『虞美人草』（１９０７）

※疾言は性急に話すこと、遽色はパニックに陥った表情をすること。いずれも苛立ちを表す態度。

「愛嬌と云うのはね、――自分より強いものを斃《たお》す柔かい武器だよ」
「それじゃ無愛想は自分より弱いものを、扱《こ》き使う鋭利なる武器だろう」

夏目漱石『虞美人草』（１９０７）

世間渡るハ豆腐が手本まめで四角で柔らかく

松平宗武（『團團珍聞《まるまるちんぶん》』第１８０号（１８８０））

※江戸時代末期の大名。明治維新後は「木一庵酔痴」の名で滑稽投書家となった。

勉強

study

世間が面白くない時は勉強にかぎる。失業の救済はどうするか知らないが個人の救済は勉強だ。

関口存男『独逸語大講座ＢＡＮＤ６』監修の言葉（１９３５）

之《これ》を知る者は、之を好む者に如《し》かず。之を好む者は、之を楽しむ者に如かず
（知識だけでは好きな人にはかなわない。好きなだけでは楽しんでいる人にはかなわない）

『論語』

背燭共憐深夜月　踏花同惜少年春

書き下し文

燭《ともしび》を背けては共に憐《あわ》れむ深夜の月
花を踏んでは同じく惜しむ少年の春

（受験勉強をさぼって一緒に夜更けの月を楽しもう。散った花を踏みながら過ぎ去りつつある青春を惜しもう）

白居易「春夜」（『和漢朗詠集』（1013頃）所収）

人生字を識るは憂患の始め
姓名粗《ほ》ぼ記すれば以《もっ》て休《や》む可《べ》し

蘇軾《そしょく》「石蒼舒酔墨堂」（北宋代）

※文字の勉強は名前を書けるぐらいでいい、本を開くたび嫌になるとぼやく漢詩。

覚えるということが大事なのではなくて、大事なのは、カルチベートされるということなんだ。カルチュアというのは、公式や単語をたくさん暗記している事でなくて、心を広く持つという事なんだ。つまり、愛するという事を知る事だ。学生時代に不勉強だった人は、社会に出てからも、かならずむごいエゴイストだ。

太宰治『正義と微笑』（1947）

少しのことにも、先達はあらまほしき事なり。
（簡単なことでも先導者はいてほしい）

兼好法師『徒然草』第五二段（鎌倉時代後期）

学校

school

日本の教育は、「教育」の木乃伊《みいら》である。天才を殺す断頭台である。

石川啄木「林中書」（1907）

※代用教員時代に記した教育論。

何度も煮直したキャベツは不幸な教師を殺す。

occidit miseros crambe repetita magistros.

〈ラテン〉

ユウェナリス『風刺詩集』（2世紀前半）

※古代ローマの風刺詩人。同じ文の暗唱を繰り返すような修辞学のカリキュラムの退屈さを批判したもの。

人生の最も苦なるものは学校の試験に若《し》くは莫《な》し

森鷗外『続心頭語』（1901）

あらゆる東京の中学生が教師につける渾名《あだな》ほど刻薄に真実に迫るものはない。

芥川龍之介「追憶」（1926）

生きてる頭を、死んだ講義で封じ込めちゃ、助からない。外へ出て風を入れるさ。

夏目漱石『三四郎』（1908）

※週に40時間も講義を聞いている三四郎に、与次郎は電車に乗ることをすすめる。

運命

fate

「どっちの道を行けばいいと思う?」

「それはあんたがどこに行きたいかによるな」とチェシャ猫は言いました。

「どこだっていいんだけど」

「なら、どっちに行ってもいいだろう」

「どこかにたどり着きさえすればいいの」

「そりゃ、どこかには行き着けるさ」とチェシャ猫は答えました。「ひたすら歩いていけばね」


ルイス・キャロル『不思議の国のアリス』(1865)

我が運命を決めるのは我なり
　我が魂を制するのは我なり

I am the master of my fate:
　I am the captain of my soul.

ウィリアム・アーネスト・ヘンリー"Invictus"(「インビクタス」)(1875)

※映画『インビクタス／負けざる者たち』で獄中生活を送るネルソン・マンデラが繰り返す言葉。

ヴラジーミル「おれたち悔い改めたらどうかな？」
エストラゴン「何を？」
ヴラジーミル「そうだな……（考える）詳しく説明するまでもないだろ」
エストラゴン「生まれたことを？」

サミュエル・ベケット『ゴドーを待ちながら』（1952）

狭き門より入れ、滅《ほろ》びにいたる門は大きく、その路は広く、これより入る者多し。生命《いのち》にいたる門は狭く、その路は細く、これを見出す者少なし。

新約聖書『マタイによる福音書』7章13〜14節

避けられないものは受け入れるしかない。
— What cannot be eschew'd must be embraced.

W・シェイクスピア『ウィンザーの陽気な女房たち』（1602）

成長
growth

私を殺さないものは、私をいっそう強くする。
— Was mich nicht umbringt, macht mich stärker.〈独〉

フリードリヒ・ニーチェ『偶像の黄昏』（1888）

※「人生の士官学校から」という前書きがある。士官学校のようにぎりぎり殺さないレベルの厳しい試練が自分を強くするという意味。

「あり得ないことなんて信じられないわ」

「練習が足りないんだね」と女王は言いました。「私がお前くらいの年頃には、毎日30分は信じる練習をしたもんだ。朝食の前に、あり得ないことを6つも信じたこともある」

> “one *can’t* believe impossible things.”
> “I daresay you haven’t had much practice,” said the Queen. “When I was your age, I always did it for half-an-hour a day. Why, sometimes I’ve believed as many as six impossible things before breakfast.

ルイス・キャロル『鏡の国のアリス』(1871)

君に必要なのは自信だけだよ。危険に直面して恐がらない生き物はいない。真の勇気とは、恐れを抱いても危険に立ち向かうことだ。君はそういう勇気をたっぷり持ち合わせている。

> All you need is confidence in yourself. There is no living thing that is not afraid when it faces danger. True courage is in facing danger when you are afraid, and that kind of courage you have in plenty.

ライマン・フランク・ボーム『オズの魔法使い』(1900)

※勇気をほしがる臆病ライオンに魔法使いのオズが投げかけた言葉。

歴史

history

我が名はオジマンディアス、王の中の王。
全能の神よ、我が偉業を見よ、そして絶望せよ!

My name is Ozymandias, king of kings:
Look on my works, ye Mighty, and despair!

パーシー・シェリー"Ozymandias"(「オジマンディアス」)(1818)

※オジマンディアスはエジプトの王(ファラオ)であるラムセス2世の別名。その壊れた彫像の台座に書かれた言葉。

中世は人類にとって最悪のものが二つ発明された。
ロマンティック・ラブと火薬である。

C'est au moyen âge, dit-il, que nous devons les deux pires inventions de l'humanité : l'amour romanesque et la poudre à canon. 〈仏〉

アンドレ・モーロア『ブランブル大佐の沈黙』(1918)

国破れて山河在り
城春にして草木《そうもく》深し

杜甫「春望」(757)

※唐代、安禄山の乱によって荒れはてた長安で詠まれた詩。戦後の日本でもよく引用された。

この石より剣を引き抜きし者、イングランド全土を統《す》べる正統な王なり。

――Whoso pulleth out this sword of this stone and anvil is rightwise King born of all England.

トマス・マロリー『アーサー王の死』（15世紀後半）

※アーサー王伝説に基づく歴史ファンタジー。

針の上で天使は何人踊れるか？

――How many angels can dance on the head of a pin?

中世ヨーロッパの有名な神学論争のテーマ

※実用的価値のない議論、無意味な議論の象徴として引用されることがある。

戦争
war

戦争は平和である
自由は隷従である
無知は力である

WAR IS PEACE
FREEDOM IS SLAVERY
IGNORANCE IS STRENGTH

ジョージ・オーウェル『１９８４年』（１９４９）

※党の独裁を象徴するスローガン。

月明らかに星稀《まれ》なり

曹操「短歌行」（２０８年頃）

※月の光が明るく照りわたり、星が見えにくくなる＝自分という英雄が現れたことで弱小の群雄たちがかすんで見える。魏の武帝（曹操）が赤壁の合戦が始まる前に舟の中で作ったとされる。

だれもかれもおとこならみんな征く
ぼくも征くのだけれど
なんにもできず
蝶《ちょう》をとったり　子供とあそんだり
うつかりしていて戦死するかしら

竹内浩三「ぼくも」

※竹内浩三は１９２１年生まれ、45年没。フィリピン・ルソン島で戦死。死後、入営中の日記などに書き残された詩が注目された。２００４年に評伝『ぼくもいくさに征くのだけれど　竹内浩三の詩と死』（稲泉連・著）が刊行されている。

猩々《しょうじょう》は血を惜しむ、犀《さい》は角を惜しみ、日本の武士は名を惜しむ

『義経記』（室町時代初期）

※『義経記』は源義経の一代記。猩々は中国の伝説上の動物で、その血は明るい赤だとされ、染色に用いられたと考えられていた。

わたしは死と待ち合わせる場所はどこかの紛争地域のバリケード

I have a rendezvous with Death
At some disputed barricade,

アラン・シーガー "I Have a Rendezvous with Death ..."（「わたしは死と待ち合わせる」）（1917）

※アメリカの詩人。第一次世界大戦中フランス外人部隊として従軍し、28歳で戦死した。ジョン・F・ケネディのお気に入りの詩だったとされる。

略奪の雄たけびをあげ、戦いの犬どもを放て

Cry 'Havoc,' and let slip the dogs of war;

W・シェイクスピア『ジュリアス・シーザー』（1599）

革命
revolution

自ら謀叛人《むほんにん》となるを恐れてはならぬ。新しいものは常に謀叛である。

徳富蘆花「謀叛論（草稿）」（1911）

※大逆事件直後、旧制第一高等学校の弁論部に招かれて行った講演「謀叛論」のなかの言葉。

美はただ乱調にある。諧調は偽りである。真はただ乱調にある。

大杉栄「新しき世界の為めの新しき芸術」(1917)

※大正時代のアナキストで、1885年生まれ、1923年没。調和ではなく反逆と破壊こそが生を拡充させる美であり、真であると説く。

革命は買えない。革命は作れない。できるのは、革命の一部になることだけだ。革命はあなたの魂の中にあり、他のどこにもない。

You cannot buy the revolution. You cannot make the revolution. You can only be the revolution. It is in your spirit, or it is nowhere.

アーシュラ・K・ル＝グウィン『所有せざる人々』(1974)

我に神なく主人もなし

Ni Dieu ni maître〈仏〉

オーギュスト・ブランキ

※19世紀にフランスの革命家ブランキによって創刊された新聞の名前。アナキズムの標語として広まった。

女性解放
women's liberation

キッチンの床を磨いてオーガズムを得る女性はいない。

No woman gets an orgasm from shining the kitchen floor.

ベティ・フリーダン "The Feminine Mystique"
（邦訳『新しい女性の創造』）（１９６３）

※女性の喜びを主婦業に限定する「女らしさの神話」を否定し、60年代ウーマン・リブ運動の起爆剤となった。

女性のなすことは今は只嘲《ただあざけ》りの笑を招くばかりである。
私はよく知っている、嘲りの笑の下に隠れたる或ものを。

そして私は少しも恐れない。

平塚らいてう『青鞜』発刊の辞（１９１１）

※女性たちによる日本初の文芸雑誌。「元始、女性は実に太陽であった。真正の人であった」という冒頭が有名。

混沌

chaos

自分の中に混沌がなければ、踊る星を生み出すことはできない。

man muss noch Chaos in sich haben, um einen tanzenden Stern gebären zu können. 〈独〉

フリードリヒ・ニーチェ『ツァラトゥストラかく語りき』（１８８５）

ニャルラトホテプ……這《は》い寄る混沌……

H・P・ラヴクラフト『ニャルラトホテプ』（１９２０）（大久保ゆう訳）

※ニャルラトホテプはクトゥルフ神話に登場する神。

不確かなこと以外、私にとって確かなことは何もない

—Rien ne m'est seur que la chose incertaine,〈仏〉

フランソワ・ヴィヨン「ブロワ詩会のバラード」(15世紀)

なんのことだか、わけのわからないところもあるでしょうが、そんなところは、わたくしにもまた、わけがわからないのです。

宮沢賢治『注文の多い料理店』序(1924)

この故にその名はバベル(混乱《みだれ》)と呼ばる。

旧約聖書『創世記』11章

※人間たちが天まで届く塔の建設を試みたため、神は言葉を混乱させて妨害した。

狂気

craziness

狂人の真似とて大路を走らば、則《すなわ》ち狂人なり。悪人の真似とて人を殺さば、悪人なり。

兼好法師『徒然草』第八五段(鎌倉時代後期)

狂愚誠可愛　才良誠可虞　狂常鋭進取　愚常疎避趨

(狂愚まことに愛すべし。才良まことに虞《おそ》るべし。狂は常に進取的で鋭く、愚は常に危険を避けず)

吉田松陰「狂愚」(『松陰詩集』(1883)所収)

※吉田松陰は幕末の志士、教育者。弟子たちにも「狂」であれと教えた。

狂気だ！　狂気！
どこもかしこも狂気だ！

Wahn! Wahn!
Überall Wahn!〈独〉

リヒャルト・ワーグナー
「ニュルンベルクのマイスタージンガー」第3幕（1868）

狂気は個人においてはまれだが、集団、政党、民族、時代においては普通に見られる。

Der Irrsinn ist bei Einzelnen etwas Seltenes, - aber bei Gruppen, Parteien, Völkern, Zeiten die Regel.〈独〉

フリードリヒ・ニーチェ『善悪の彼岸』(1886)

クレイジーな人たちに乾杯。不適合者、反逆者、トラブルメーカー、四角い穴にはまれない丸い釘

Here's to the crazy ones, the misfits, the rebels, the troublemakers, the round pegs in the square holes

1997年のアップル社キャンペーン

俺のそばにずっといてくれ。どんな姿形でもいい、俺を狂わせたっていい！

Be with me always—take any form—drive me mad!

エミリー・ブロンテ『嵐が丘』(1847)

風狂狂客起狂風

書き下し文

風狂の狂客、狂風を起こす
(風流に狂ったおれが世間に狂風を起こす)

一休宗純「自賛」(『狂雲集』上巻(1642)所収)

※室町時代中期の臨済宗の禅僧。形式化した禅に反抗し、奇行や風狂に生きた。「見識ある高僧よ、おれの悟りの深さを試してみろ」と挑発する漢詩。

世にしたがへば身くるし。したがはねば狂せるに似たり。

鴨長明『方丈記』(1212)

向日葵《ひまわり》が好きで狂ひて死にし画家

高浜虚子『六百句』(1946)

道徳
morals

私たちは、古い道徳とどこまでも争い、太陽のように生きるつもりです。
どうか、あなたも、あなたの闘いをたたかい続けて下さいまし。

太宰治『斜陽』(1947)

君達の持っているものは、
黴《かび》の生えた死んだ道徳だけだ。
(中略)
諸君は生命のない繰人形だ!
死蠟《しろう》だ!

木伊乃《ミイラ》だ！
骸骨だ！

秋田雨雀「骸骨の舞跳」（1924）

※関東大震災の翌年に発表された戯曲。震災のパニックのなかで朝鮮人を虐殺しようとする自警団に向けて青年が叫ぶセリフ。この後、青年が「化石しろ、醜い骸骨！」と叫ぶと自警団が刀を振り上げた姿のまま化石になる。

正義

justice

微笑もて正義を為《な》せ！

太宰治『正義と微笑』（1947）

※新約聖書『マタイによる福音書』の「なんじら断食するとき、偽善者のごとく、悲しき面容（おももち）をすな」をふまえて「僕」が作ったモットー。

天墜つるとも、正義は成されるべし。
―Fiat justitia ruat caelum.〈ラテン〉

ラテン語の格言

人間の、又人性の正しい姿とは何ぞや。欲するところを素直に欲し、厭《いや》な物を厭だと言う、要はただそれだけのことだ。

坂口安吾『続堕落論』（1947）

天知る地知る我知る子《し》知る

『後漢書』楊震伝（432）

※政治家の楊震がこっそりわいろを贈ってきた相手をはねつけるために放った言葉。他人にはバレるまいと思っていても、天地の神々も私もあなたも知っているのだから、悪事はいつかは露見するのだということ。

飲食
consumption

食べもの
food

わたしたちは、氷砂糖をほしいくらいもたないでも、きれいにすきとおった風をたべ、桃いろのうつくしい朝の日光をのむことができます。

宮沢賢治『注文の多い料理店』序（1924）

※「わたくしは、これらのちいさなものがたりの幾きれかが、おしまい、あなたのすきとおったほんとうのたべものになることを、どんなにねがうかわかりません」と続く。

あはれ
秋風よ
情《こころ》あらば伝へてよ
——男ありて
今日の夕餉《ゆうげ》に　ひとり
さんまを食《くら》ひて
思ひにふける　と。

佐藤春夫「秋刀魚の歌」（『我が一九二二年』（1922）所収）

酒の個人的または家長専制的なるに反して、菓子の流布には共和制の趨勢《すうせい》といおうか、少なくとも男女同等の主張が仄《ほの》見える。

柳田國男『雪国の春』（1928）

酒

alcohol

飛光飛光　勸爾一杯酒

書き下し文

飛光よ、飛光よ、爾《なんじ》に一杯の酒を勧めん

李賀「苦昼短」（唐代）

※飛光は飛んでいく日月の光のこと。人生が早く過ぎ去ってしまうことを惜しみ、太陽をくわえた龍の足を斬ってでも時の流れをくい止めたいとする漢詩の冒頭。

三百六十日　日々酔如泥

（三百六十日　毎日泥のように酔っている）

李白「贈内」（内《つま》に贈る）（8世紀）

※酒好き夫が妻のために書いた漢詩。

我歌月徘徊　我舞影零乱
醒時同交歓　酔後各分散
永結無情遊　相期邈雲漢

書き下し文

我歌えば月は徘徊　我舞えば影は零乱《りょうらん》
醒時《せいじ》同じく交歓し　酔後各《おのおの》分散す
永く無情の遊を結び　相期《あいき》す雲漢邈《はる》かなり

（私が歌えば月は歩き回り、私が踊れば影はゆらめく。酔いが回らないうちは一緒に楽しい時間を過ごし、酔えば解散。心なくとも友情は永遠。遥かな銀河でまた今度）

李白「月下独酌」（744頃）

※春の庭でひとり酒を飲んでいた男が、月と自分の影と宴会するという漢詩。

酒は憂いを払う玉箒《たまははき》

日本のことわざ

※蘇軾の漢詩「洞庭春色詩」に由来する。玉箒とは「美しいほうき」の意味。

酒をのめ、それこそ永遠の生命だ、
また青春の唯一《ゆいつ》の効果《しるし》だ。
花と酒、君も浮かれる春の季節に、
たのしめ一瞬《ひととき》を、それこそ真の人生だ！

オマル・ハイヤーム『ルバイヤート』（11世紀）（小川亮作訳）

酔中に、書状を人に送るべからず。むべも、
昔の人は、酒を名づけて、狂薬とは云へりけん。

貝原益軒『和俗童子訓』（1710）

なかなかに人とあらずは酒壺《さかつほ》に
成りにてしかも　酒に染《し》みなむ
（中途半端に人間でいるくらいなら酒壺になって酒に漬かりたい）

あな醜賢《みにくさか》しらをすと酒飲まぬ
人をよく見ば猿《さる》にかも似る
（ああみっともな！　賢ぶって酒を飲まない奴、よく見たら猿みたいだわ）

大伴旅人『万葉集』巻三・三四三および三四四（奈良時代末期）

初夏だ初夏だ郵便夫にビールのませた

北原白秋『竹林清興』（1947）

コーヒー

coffee

宗教は往々人を酩酊《めいてい》させ官能と理性を麻痺《まひ》させる点で酒に似ている。そうして、コーヒーの効果は官能を鋭敏にし洞察《どうさつ》と認識を透明にする点でいくらか哲学に似ているとも考えられる。酒や宗教で人を殺すものは多いがコーヒーや哲学に酔うて犯罪をあえてするものはまれである。前者は信仰的主観的であるが、後者は懐疑的客観的だからかもしれない。

寺田寅彦「コーヒー哲学序説」（１９３３）

客観のコーヒー主観の新酒哉《かな》

寺田寅彦『柿の種』（１９３３）

ああ、コーヒーってなんて甘美なの！
千のキスより甘く
マスカット酒よりまろやか
コーヒー、コーヒーを飲まなくちゃ

Ｊ・Ｓ・バッハ　カンタータ第２１１番「お静かに、しゃべらないで」（別名「コーヒー・カンカータ」）（１７３４頃）

コーヒーはそれ自体が言語である。
―Coffee is a language in itself.

ジャッキー・チェン

※ドラマ『クリミナル・マインド／ＦＢＩ ｖｓ．異常犯罪　シーズン10』#18「議員夫人の誘拐」（２０１５）でジャッキー・チェンの言葉として登場人物が引用する。

茶
tea

世界が破滅するのと、このぼくが茶を飲めないのと、どっちが一大事かと思う？　その答、──世界は破滅しても、ぼくはいつでも茶を飲まなくちゃいけないんだ。

フョードル・ドストエフスキー『地下生活者の手記』（1864）（米川正夫訳）

茶には酒のような傲慢《ごうまん》なところがない。コーヒーのような自覚もなければ、またココアのような気取った無邪気もない。

岡倉覚三『茶の本』（村岡博訳）（1929）

果物
fruit

レモンエロウの絵具をチューブから搾り出して固めたようなあの単純な色

梶井基次郎『檸檬《れもん》』（1925）

わたしの手からとつた一つのレモンを
あなたのきれいな歯がかりりと噛《か》んだ
トパアズいろの香気が立つ
その数滴の天のものなるレモンの汁は
ぱつとあなたの意識を正常にした

高村光太郎「レモン哀歌」（『智恵子抄』（1941）所収）

秋になると
果物はなにもかも忘れてしまって
うっとりと実《み》のってゆくらしい

八木重吉「果物」（『貧しき信徒』（１９２８）所収）

そして時が果てるまで摘み取ろう
月の銀のりんごと
太陽の金のりんごを。

And pluck till time and times are done
The silver apples of the moon,
The golden apples of the sun.

ウィリアム・バトラー・イェイツ"The Song of Wandering Aengus"（「さまよえるインガスの歌」）（１８９９）

夏来偏愛覆盆子
佗事又無楽不窮
（夏が来た　いちご大好き
ほかは何も楽しくない　もう止まらない）

藤原忠通「賦覆盆子」（『本朝無題詩』（１１６２～64頃）所収）

※藤原忠通は平安時代後期の公卿。隠退後は詩歌三昧の余生を送った。覆盆子はいちごのこと。

杏の季節に

في المشمش〈アラビア〉

アラビアの慣用句

※原文は右から読み、発音は「フィル　ミシュミシュ」。「現実には起こりえない」ことの比喩。杏の収穫時期・販売時期が短いことからだとされる。

永遠

eternity

また見付かった
何が？　—永遠が
それは太陽が溶け込んだ海

Elle est retrouvée,
Quoi? - L'Éternité.
C'est la mer allée
Avec le soleil. 〈仏〉

アルチュール・ランボー "L'Éternité"（「永遠」）(1872)

一粒の砂に世界を見て
一輪の野の花に天国を見る
手のひらに無限をのせ
ひとときに永遠をとどめる

To see a World in a Grain of Sand
And a Heaven in a Wild Flower
Hold Infinity in the palm of your hand
And Eternity in an hour

ウィリアム・ブレイク "Auguries of Innocence"（「無垢の兆し」）(1803)

※中国では冒頭の2行が「一沙一世界　一花一天堂」と訳されてよく知られている。

過去
past

夢の夢の夢の昨日は今日の古《いにしえ》
今日は明日の昔
(人生は夢のように過ぎて、昨日は今日から見れば遠い昔、明日になれば今日も昔)

『閑吟集』一一四番(1518)

青い過去の憶ひ出は
みんなインキ瓶に詰めてすてました

北園克衛『白のアルバム』(1929)

※西脇順三郎、滝口修造らとシュルレアリスム運動を興した昭和時代の詩人。戦後もモダニズム詩人として活動した。

「さあ、今度は君の冒険の話を聞かせてよ」
「話すとしたら、そうね、今朝からの話にしましょう」アリスはおずおずと言った。「昨日の話はしてもしょうがないわ。だって昨日の私は今の私とは違うから」

ルイス・キャロル『不思議の国のアリス』(1865)

過去は過去として葬らしめよ。

志賀直哉『暗夜行路』(1921~37)

悲しみは時の翼に乗って飛んでいく
― Sur les ailes du Temps la tristesse s'envole:〈仏〉

ラ・フォンテーヌ『寓話』(17世紀後半)

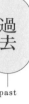

現在
now

けふなり。けふなり。きのふありて何かせむ。
あすも、あさても空《むな》しき名のみ、あだなる声のみ。

森鷗外『うたかたの記』（１８９０）

※日本画学生の巨勢（こせ）と恋に落ちた花売り娘のマリイが彼と湖に向かう馬車上で叫んだ言葉。昨日も明日もいらない、今このときだけでいいという意味。

前後を切断せよ、妄《みだ》りに過去に執着する勿《なか》れ、徒《いたず》らに将来に望を属する勿れ、満身の力をこめて現在に働け

夏目漱石『倫敦《ロンドン》消息』（１９０１）

未来
future

明日のことを思い煩うな。明日のことは明日の自分が心配するだろう。

新約聖書『マタイによる福音書』6章34節

明日のことが分らないといふことは人の生きる愉しさをつないでゆくものだ。

室生犀星「明日になつて見ないと」（『日本美論』（１９４３）所収）

花の影寝まじ未来が恐しき

小林一茶（１８２７）

朝

morning

朝には意味があり、宵には感情がある。

in the morning there is meaning, in the evening there is feeling.

ガートルード・スタイン『やさしい釦《ぼたん》』（１９１４）

ぼくは「今日はどんなわくわくすることが起こるのかな?」って言うよ

I say, I wonder what's going to happen exciting *to-day*?

A・A・ミルン『くまのプーさん』（１９２６）

※朝起きて最初に自分に話しかける言葉を聞かれたピグレットの返答。

朝は健康だなんて、あれは嘘《うそ》。朝は灰色。いつもいつも同じ。一ばん虚無だ。朝の寝床の中で、私はいつも厭世的だ。いやになる。

太宰治『女生徒』（１９３９）

昼

daytime

大きなる手があらはれて昼深し上から卵をつかみけるかも

北原白秋『雲母集《きららしゅう》』（１９１５）

夕方
nightfall

途端に海のような、真昼を見た。

泉鏡花『陽炎座』（1913）

夕ぐれの時はよい時。
かぎりなくやさしいひと時。

堀口大學「夕ぐれの時はよい時」
（『月光とピエロ』（1919）所収）

※大正～昭和期の詩人、フランス文学者。『月光とピエロ』は第1詩集で、作中の女性はスペインで出会った女性画家マリー・ローランサンをモデルにしたとされる。

夕星《ゆうずつ》は、
かがやく朝が　八方に散らしたものを
みな　もとへ　連れかへす。
羊をかへし、
山羊をかへし、幼な子を　また母の
手に連れかへす。

サッフォー「夕星」（紀元前7～6世紀頃）（呉茂一訳）

※サッフォーは古代ギリシアの女性詩人。エーゲ海のレスボス島に生まれ、夫の死後は少女たちを集めて音楽や詩を教えて暮らした。

夕陽限りなく好《よ》し　只是《ただこ》れ黄昏に近し

李商隠「登楽遊原」（唐代）

※モヤモヤして高原にのぼり、夕日を眺める。人生の黄昏に近い老境の感慨も含む。

夜

night

昼短くして夜の長きに苦しむ
何ぞ燭を秉《と》つて遊ばざる
（昼短くて夜が長いのが嫌なら、灯りを持って夜も遊べばいいよ）

無名氏「古詩十九首」其一五（前漢〜後漢）

今私の一番好きな仕事といえば、夜星空を眺めることです。なぜといって、この地上から、また人生から眼をそらすのに、これほど好い方法があるでしょうか。

トオマス・マン『幻滅』（1896）（実吉捷郎訳）

月落ち烏《からす》啼《な》いて霜天に満つ

張継「楓橋《ふうきょう》夜泊《やはく》」（8世紀）

カステーラのように
明るい夜だ

尾形亀之助「明るい夜」（『色ガラスの街』（1925）所収）

夜すでに更けて日近づけり。故に我々は闇の業を捨て、光の武具を身に着けるべし。

新約聖書『ローマ人への手紙』13章12節

どうにもならない生きものが夜の底に

種田山頭火『旅日記』（1936）

季節
seasons

春
spring

春心莫共花争発　一寸相思一寸灰

書き下し文

春心《しゅんしん》　花と共に発《ひら》くを争うこと莫《な》かれ
一寸の相思　一寸の灰
（春の恋心よ、花と競って咲こうとしないで
ささやかな思いはささやかな灰に変わる）

李商隠「無題」（唐代）

※「相思」は「なかなか叶えられない恋」のこと。

掌に春をのせて
驢馬《ろば》に乗つて街へ出かけて行きたい

尾形亀之助「春」（『色ガラスの街』（1925）所収）

時は春、
日は朝《あした》、
朝は七時、
片岡に露みちて、
揚雲雀《あげひばり》なのりいで、
蝸牛《かたつむり》枝に這《は》ひ、
神、そらに知ろしめす。
すべて世は事も無し。

ロバアト・ブラウニング「春の朝」
（上田敏訳詩集『海潮音』（1905）収録）

春は眠くなる。猫は鼠《ねずみ》を捕る事を忘れ、人間は借金のある事を忘れる。時には自分の魂の居所さえ忘れて正体なくなる。ただ菜の花を遠く望んだときに眼が醒める。

夏目漱石『草枕』（1906）

春の夜の闇はあやなし梅の花
色こそ見えね香やはかくるる
（春の夜の闇は意味のわからないことをする。梅の花の色を隠しても匂いは隠れないのに）

凡河内《おおしこうちの》躬《み》恒《つね》『古今和歌集』巻一（平安時代前期）

少年の春惜しめども留《とま》らぬものなりければ、三月《やよい》も半ば過ぎぬ。

『狭衣《さごろも》物語』（1077~81頃）

※作者は六条斎院禖子（ばいし）内親王家に仕えた宣旨（せんじ　女房の役職）と伝えられる。この冒頭の文は、春から夏への移り変わりとともに、主人公の狭衣が少年から恋する男へと成長していくことを表している。陰暦3月は春の終わり。

はるはきたけれど、
わたしはさびしい。

大手拓次「まぼろしの薔薇」（『藍色の蟇《ひき》』（1936）所収）

春は空からそうして土から微《かすか》に動く。

長塚節『土』（1912）

春の暮月　月の三朝　天花に酔へり　桃李《とうり》盛んなればなり
（暮れゆく春の三月三日、天は花に酔ったようにかすみ、桃李は今が花盛りだ）

菅原道真（『和漢朗詠集』（1013頃）所収）

おなじ寂しさでも、秋の暮のは自然が寂しいので、春の日の寂しいのは、人が寂しいのではありませんか。

泉鏡花『春昼後刻』（1906）

恋せよと薄桃色の花が咲く

岸本水府（1912）

夏

summer

君を夏の一日にたとえようか

― Shall I compare thee to a summer's day?

W・シェイクスピア『ソネット』第18番（1609）

※シェイクスピアのソネットの中で最も有名な一節。美しい青年を夏の一日と比較し、君のほうがもっとすてきで穏やかだとうたいあげる。

だけど君の永遠の夏は色あせない

― But thy eternal summer shall not fade,

W・シェイクスピア『ソネット』第18番（1609）

※アガサ・クリスティ『春にして君を離れ』（中村妙子訳）では「汝（な）がとこしえの夏はうつろわず」と訳されている。

悲しみのようにひそやかに
夏が過ぎていった
As imperceptibly as grief
The summer lapsed away, —

エミリー・ディキンソン "As imperceptibly as Grief"
（「悲しみのようにひそやかに」）（1865）

おそるべき君等の乳房夏来《きた》る

西東三鬼『夜の桃』（1948）

※敗戦後、モンペ姿から開放的な装いに変わった女性の生命感に対する畏怖を詠んだものとされる。

算術の少年しのび泣けり夏

西東三鬼『旗』（1936）

春風風人　夏雨雨人〈中〉
（春に心地よい風を吹かせ、夏に涼しくなるような雨を降らせる）

中国のことわざ

※人々のニーズをキャッチし、適切なサービスを行うことのたとえによく使われる。

皮を脱いで、肉を脱いで骨だけで涼みたいものだ

夏目漱石『吾輩は猫である』（1906）

※「こう暑くては猫といえどもやり切れない」とぼやく猫がシドニー・スミスの言葉として引用する。

恋のない一生は夏のない一年

スウェーデンのことわざ

兎《うさぎ》も片耳垂るる大暑かな

芥川龍之介『澄江堂句集』（1927）

夏はお洒落なポエムの季節です

北園克衛「朝の手紙」（『夏の手紙』（1937）所収）

※当時限定200部で刊行された前衛詩集。恩地孝四郎が挿画を手がける。

シャツ雑草にぶっかけておく

栗林一石路『シャツと雑草』（1929）

※プロレタリア俳句運動家。1941年の新興俳句弾圧事件で逮捕される。

サイダーの泡立ちて消ゆ夏の月

種田山頭火（1911）

秋

autumn

秋来れば恋も生命《いのち》も水色の
光の絹となりてはためく

与謝野晶子『さくら草』（1915）

ゆゑもなく憎みし友と
いつしかに親しくなりて
秋の暮れゆく

石川啄木『一握の砂』（1910）

ほろほろほろびゆくわたくしの秋

種田山頭火『四国遍路日記』（1939）

秋の日の
ヴィオロンの
ためいきの
身にしみて
ひたぶるに
うら悲し。

ポール・ヴェルレーヌ「落葉」
（上田敏訳詩集『海潮音』（1905）所収）

秋風秋雨、人を愁殺す

秋瑾《しゅうきん》（1907）

※清朝末期の女性革命家で、女性解放運動を主題とする詩を多く残した詩人。処刑前に自供を迫られた際の言葉とされる。もともとは、陶宗亮の漢詩「秋暮遺懐」の一節。

冬
winter

火事を出せ、雪で埋めろ
刃物のやうな冬が来た

高村光太郎「冬が来た」（『道程』（1914）所収）

冬来たりなば、春遠からじ
If Winter comes, can Spring be far behind?

パーシー・ビッシュ・シェリー "Ode to the West Wind"
（「西風のうた」）（1819）

人間の海鼠《なまこ》となりて冬籠る

寺田寅彦（1900）

冬

木に眼が生《な》って人を見ている

八木重吉「冬」（『貧しき信徒』（1928）所収）

今や我らの不満の冬は去り、
ヨーク家の太陽によって栄光の夏が訪れた
Now is the winter of our discontent
Made glorious summer by this son of York,

W・シェイクスピア『リチャード三世』（1597）

去年今年《こぞことし》貫く棒の如きもの

高浜虚子（1950）

※12月、新春のラジオ放送用に作った句。

1月 January

お前なんか一月の太陽だ

マルタのことわざ

※「役立たず」という意味。マルタの冬は日照時間がとりわけ短い。

2月 February

どうしたんだい、
二月みたいな顔をして。
霜と嵐と曇りでいっぱいじゃないか？

what's the matter,
That you have such a February face,
So full of frost, of storm and cloudiness?

W・シェイクスピア『恋の空騒ぎ』（1600）

3月

March

三月はライオンのように訪れ、子羊のように去っていく。

March comes in like a lion, and goes out like a lamb.

イギリスのことわざ

ねがはくは花のしたにて春しなむ
そのきさらぎのもちづきのころ

西行『山家集』（平安時代末期）

※「きさらぎのもちづきのころ」は太陽暦では3月下旬。

春三月縊《くび》り残され花に舞ふ

大杉栄（1911）

※大逆事件で幸徳秋水らが処刑されたときに詠んだ俳句。

3月15日を警戒せよ。

Beware the ides of March.

W・シェイクスピア『ジュリアス・シーザー』（1599）

※カエサルが暗殺された日に由来する、凶事への警告の慣用句。

4月

April

四月はいちばん残酷な月だ
死せる土地からライラックを産みだし、
記憶と欲望を混ぜこぜにして
にぶい根を春の雨で刺戟《しげき》する

April is the cruellest month, breeding
Lilacs out of the dead land, mixing
Memory and desire, stirring
Dull roots with spring rain.

T・S・エリオット『荒地』（1922）

春にして君を離れ
誇り高き四月があらん限りの装いをこらし
万物に若い精気を吹き込み
かの陰鬱な土星もつられ　笑いかつ踊りしも
鳥のさえずりも　百草の花の甘やかな香りも
我をして夏の物語を語らしむるあたわざりき

From you have I been absent in the spring,
When proud-pied April, dress'd in all his trim,
Hath put a spirit of youth in every thing,
That heavy Saturn laugh'd and leap'd with him.
Yet nor the lays of birds, nor the sweet smell
Of different flowers in odour and in hue,
Could make me any summer's story tell,

W・シェイクスピア『ソネット』第98番 "From you"（1609）

※アガサ・クリスティ『春にして君を離れ』で引用される。好きな人と離れていたときは4月さえ冬のように感じられたという内容の詩。

恋の始まりは四月の空
晴れたり曇ったり不安定

O, how this spring of love resembleth
The uncertain glory of an April day,

W・シェイクスピア『ヴェローナの二紳士』（1590年代）

四月の雨が五月の花を連れてくる。
― April showers bring May flowers.

イギリスのことわざ

※14世紀イングランドの詩人ジェフリー・チョーサー『カンタベリー物語』の一節「四月の優しい雨が／三月の渇きを根までうるおして／あらゆる葉脈を浸し／花をほころばせる」が元になっているとされる。

4月になれば彼女は
― April Come She Will

サイモンとガーファンクルの楽曲タイトル（1966）

さくらさくら散って佳人の夢に入る

無腸（上田秋成）（『続明烏《あけがらす》』（江戸時代中期）所収）

5月
May

五月の朝の新緑と薫風は私の生活を貴族にする。

萩原朔太郎「雲雀料理」（『月に吠える』（1917）所収）

今日は五月一日なり、われらの日なり

石川啄木「墓碑銘」（1911）（『呼子と口笛』所収）

※機械工の「かれ」の死を悼む詩。大逆事件で死刑になった知人を念頭において書かれたとされる。

少女二人五月の濡れし森に入る

西東三鬼『夜の桃』（1948）

ロバと王様とわたし
明日にはみんな死んでいる
ロバは飢えで
王様は退屈で
わたしは恋で
時は五月

ジャック・プレヴェール “Chanson du mois de mai”（「五月の歌」）（『物語』（1946）所収）

五月の風たち　海の上で踊る
Winds of May, that dance on the sea

ジェイムズ・ジョイス “Chamber Music”（「室内楽」）（1907）

6月
June

夕星を仰いで空中世界を幻視する時、そんな晩方はまた、やがて「六月の夜の都会の空」でなければならない。

稲垣足穂『弥勒』（1946）

※少年時代の追想と上京後の貧乏生活を記した自伝的小説。中学時代、昼休みの教室の黒板に友人が走り書きした「六月の夜の都会の空」という言葉に感性を刺激された主人公は、その言葉を生涯忘れなかった。

六月が来た、なつかしい紫のヂキタリスと
苦い珈琲《コーヒー》の時節

北原白秋「昼の思」（『桐の花』（1913）所収）

またひとしきり　午前の雨が
菖蒲《しょうぶ》のいろの　みどりいろ
眼《まなこ》うるめる　面長き女《ひと》
たちあらはれて　消えてゆく

中原中也「六月の雨」（『在りし日の歌』（１９３８）所収）

六月のひるねもほねがおれるなり

『誹風柳多留《はいふうやなぎだる》』（１７６５～１８４０）

※江戸時代中期から幕末にかけて刊行された川柳集。

六月を奇麗な風の吹くことよ

正岡子規『寒山落木抄』（１８９４）

7月

July

僕ら七月生まれの子どもたちは
白いジャスミンの匂いが大好きだ。
花咲く庭をさまよい歩き
しずかに重たい夢にふける

Wir Kinder im Juli geboren
Lieben den Duft des weißen Jasmin,
Wir wandern an blühenden Gärten hin,
Still und in schwere Träume verloren. 〈独〉

ヘルマン・ヘッセ "Julikinder"
（「七月の子どもたち」）（１９０４）

8月

August

私は境界を愛する。八月は夏と秋の境界だから、私にとってはいちばん美しい月だ。（中略）たそがれどきは昼と夜の境界で、海辺は海と陸の境界。境界には切なさがある。二人が恋に落ちて、まだ言葉を交わしていないとき。境界とは、途上にあるということ。大切なのは移り変わってゆく過程。

トーベ・ヤンソン

※トーディス・ウーリアセーター“Möte med Tove Jansson”（『トーベ・ヤンソンとの出会い』）（1986）に、トーベ・ヤンソンの言葉として掲載されたもの。

三年前、蒸し暑い八月の大粒の雨に打たれながら、私は自宅のベランダで無気力に座り込んで、夏がもう戻らないことを思って泣いた。同じ夏は二度とやってこないのだ。

Three years ago, the hot, sticky August rain fell big and wet as I sat listlessly on my porch at home, crying over the way summer would not come again—never the same.

シルヴィア・プラス“The Journals of Sylvia Plath”
（「シルヴィア・プラスの日記」）1952年8月8日の記述

※八月の雨、それは夏の一番いい時期が終わって秋がまだ始まらない、中途半端でちぐはぐなときだ、と続く。

9月
September

けふは仲秋明月
初恋を偲ぶ夜

井伏鱒二「逸題」（『厄除け詩集』（１９３７）所収）

九月、遊びすごした天使。九月、蹠《あなうら》を焼かない砂浜。
九月、もう一度ふりかへる地平線——今日は舟さへ出てゐない。

堀口大學「九月の言葉」（『白い花束』（１９４８）所収）

※夏の休暇を海辺で過ごし、新学期のために都会に戻る学生が、夏の終わりの寂しさと都会へのノスタルジーをつづった詩。11行すべて「九月、」から始まる。

青い抱擁衝動や
明るい雨の中のみたされない唇が
きれいにそらに溶けてゆく
日本の九月の気圏です

宮沢賢治「第四梯形《ていけい》」（『春と修羅』（１９２４）所収）

10月
October

十月をゆめかとばかりさくら花

服部嵐雪（江戸時代前期）

十月がある世界に生きてて本当によかった。

I'm so glad I live in a world where there are Octobers.

ルーシー・モード・モンゴメリ『赤毛のアン』(1908)

※アンの言葉。村岡花子による「ああ、マリラ、世界に十月という月のあることが、あたし、うれしくてたまらないわ」という訳がよく知られている。

十月。この月は株式投資を行うにはきわめて危険な月である。このほか危険な月として、七月、一月、九月、四月、十一月、五月、三月、六月、十二月、八月、二月がある。

October. This is one of the peculiarly dangerous months to speculate in stocks in. The others are July, January, September, April, November, May, March, June, December, August, and February.

マーク・トウェイン『まぬけのウィルソンの悲劇』(1894)

まず、その日は十月だった。男の子にとって特別な月だ。ほかの月はどれも特別じゃないとは言わない。とはいえ、悪い月と良い月はある。海賊だってそう言ってる。九月は悪い月だ。学校が始まるから。八月は良い月だ。学校が始まっていないから。

レイ・ブラッドベリ "Something Wicked This Way Comes"
(邦訳『何かが道をやってくる』)(1962)

※ハロウィーンの季節を舞台とするダークファンタジー。真夜中にカーニバル(移動遊園地)がやってくるのを見た2人の少年は、時を巻き戻す回転木馬や魔女など不思議議な世界を体験する。

11月

November

十一月が鳥のやうな眼をしてゐる

尾形亀之助「十一月の電話」(『雨になる朝』(1929)所収)

12月

December

イエス、ヴァージニア、サンタクロースはいるよ。愛や思いやり、まごころと同じように、サンタクロースも間違いなく存在するし、こういうもののおかげで最高にすてきで楽しい日々を過ごせるんじゃないかな。

Yes, Virginia, there is a Santa Claus. He exists as certainly as love and generosity and devotion exist, and you know that they abound and give to your life its highest beauty and joy.

米新聞『ザ・サン』1897年9月21日の社説

※「サンタさんは本当にいるんですか?」という8歳の少女への返答。世界一有名な社説と言われる。

贈り物のないクリスマスなんて、クリスマスじゃない

ルイーザ・メイ・オルコット『若草物語』(1869)

ともかくもあなた任せのとしの暮

小林一茶『おらが春』巻末(1819)

気象・自然

weather/nature

雨

rain

雨の音はなにがなしものなつかしい、恋人の
霊のすぎゆく衣《きぬ》ずれの音のように。

中勘助『島守』(1924)

旅人のからだもいつか海となり五月の雨が降
るよ港に

若山牧水『死か芸術か』(1912)

蛇女《へびおんな》みごもる雨や合歓《ねむ》の花

芥川龍之介(1917)

その時、私の心臓が宇宙の心臓、
その時、私の目が宇宙の目、
その時、私が泣くと、
万事を忘れて泣くと、
屹度《きっと》雨が降る。

与謝野晶子「宇宙と私」(『晶子詩篇全集』(1929)所収)

誰れぞ此《こ》の昔を恋ふる我が宿に
時雨《しぐれ》降らする空の旅人

藤原道長『御堂関白集』(1027頃)

しとしとと、しとしとと、
絶間なく雨はふる、ふりそそぐ、にじむ、
曳く、消ゆる、滴《したた》る。

北原白秋「雨の気まぐれ」(『東京景物詩及其他』(1913)所収)

滅びしもの ゝ声なき涙の如く
死せし人の閉されし眼より落つる涙の如く

永井荷風「花より雨に」(『荷風集』(1909)所収)

※ベルギーの詩人ジョルジュ・ローデンバックの詩の引用。冬の暗い雨の形容。

稲妻やうつかりひよんとした貌《かお》へ

小林一茶(1814)

※「うつかりひよん」は魂が抜けたようにぽかんとした様子のこと。

雪

snow

雪の結晶は、天から送られた手紙である

中谷宇吉郎『雪』(1938)

※雪の結晶を研究し、1936年に人工雪の製作に成功した物理学者。

君かへす朝の舗石《しきいし》さくさくと雪よ林檎《りんご》の香の
ごとくふれ

北原白秋(『桐の花』(1913)所収)

それは私、私、私でした。……それは雪で
した。

小泉八雲『雪女 YUKI-ONNA』(田部隆次訳)(1937)

雪がふっているとき
木の根元をみたら
面白い小人がふざけているような気がする

八木重吉「無題」（『貧しき信徒』（1928）所収）

うまさうな雪がふうはりふはり哉《かな》

小林一茶『七番日記』（1810〜18）

この雪はどこをえらばうにも
あんまりどこもまつしろなのだ
あんなおそろしいみだれたそらから
このうつくしい雪がきたのだ

宮沢賢治「永訣《えいけつ》の朝」（『春と修羅』（1924）所収）

雪だるま星のおしやべりぺちやくちやと

松本たかし『石魂《せきこん》』（1953）

淋しさの底ぬけて降るみぞれかな

内藤丈草『丈草発句集』（1774）

空
sky

智恵子は東京に空が無いといふ、
ほんとの空が見たいといふ。

高村光太郎「あどけない話」（『智恵子抄』（1941）所収）

七番目の空にいる

être au septième ciel〈仏〉

フランスの慣用表現

※幸せの絶頂にあることのたとえ。古代ギリシアでは空が7つあり、7番目の空が一番神に近いところにあると考えられていたことから。

神聖不可侵な宇宙の高みで
手を伸ばし、神の頬をなぜた

The high untrespassed sanctity of space,
Put out my hand, and touched the face of God.

ジョン・ギレスピー・マギー・ジュニア
"High Flight"（「空高く」）（1941）

※19歳で殉職した戦闘機パイロットが死の数か月前に遺した詩。冒頭の「Oh! I have slipped the surly bonds of Earth」（ああ、我は大地の楔（くさび）をすりぬけて）とともにこの末尾もよく引用される。

つれづれと空ぞ見らるるおもふ人
あまくだり来むものならなくに

（ぼんやり空を見てしまう。好きな人が空から降ってくるわけでもないのに）

和泉式部（『玉葉和歌集』（鎌倉時代後期）所収）

空と海が無数の花瓣《はなびら》をかくしてゐるやうに。
やがていつの日か青い魚やばら色の小鳥が
私の頭をつき破る。

左川ちか「花咲ける大空に」
（『左川ちか詩集』（1936）所収）

※昭和のモダニズム詩人で、1936年に24歳で早逝。詩集は没後に刊行された。

空模様

the elements

どんな雲も裏は銀色に光っている。

— Every cloud has a silver lining.

イギリスのことわざ

※どんな悪い状況でもなにかしら良い面はあるということ。

あまり言葉のかけたさに　あれ見さいなう
空行く雲の速さよ

（好きな人に言葉をかけたくて「あれ見て。空を流れていく雲が速い」なんてどうでもいいことを言ってしまう）

『閑吟集』二三五番（1518）

約束はみんな壊れたね。
海には雲が、ね、雲には地球が、映つてゐるね。
空には階段があるね。

三好達治「Enfance fine」（『測量船』（1930）所収）

天も花にゑへるか雲の乱足《みだれあし》

野々口立圃《りゅうほ》（『犬子集《えのこ》』（1633）所収）

※雲行きが乱れて天候が不安定なのは天も花の美しさに酔ったせいだろうか、の意。

誰が許して誰が許されるのであろう。われらがひとしく風でまた雲で水であるというのに。

宮沢賢治「龍と詩人」（１９２１）

何もかも　あやまちはなかつた
みな　猟人《かりうど》も盗人もゐなかつた
ひろい風と光の万物の世界であつた。

立原道造「憩《やす》らひ──薊《あざみ》のすきな子に──」（１９４１）

※立原道造は１９１４年生まれ、39年没の詩人。同作は死後に発表された。

風立ちぬ、いざ生きめやも。

堀辰雄「風立ちぬ」（１９３６）

※ポール・ヴァレリー「海辺の墓地」の一節（Le vent se lève, il faut tenter de vivre）の訳。

海

sea

海にゐるのは、
あれは人魚ではないのです。
海にゐるのは、
あれは、浪《なみ》ばかり。

中原中也「北の海」（『在りし日の歌』（１９３８）所収）

寂しければ海中《わだなか》にさんらんと入らうよ

北原白秋「真珠抄」（１９１４）

しんしんと肺碧《あお》きまで海の旅

篠原鳳作（１９３４）

海哀し山またかなし酔ひ痴れし恋のひとみに
あめつちもなし

若山牧水『海の聲《こえ》』（1908）

※一目ぼれした美女と海岸を旅行し、結ばれた喜びを詠んだ。

海だ！　海だ！
—— Thálassa! Thálassa!〈古代希・ラテン文字表記〉

クセノフォン『アナバシス』（紀元前370年代）

※読み方は「タラッタ、タラッタ」。作者自身が一兵卒として参加した約1万人のギリシア人傭兵（ようへい）の従軍記。海の民であるギリシア人の傭兵たちは、帰国する過程でようやく黒海が見えてきて思わずこう叫ぶ。

腹のたつ時見るための海

『誹諧《はいかい》武玉川《むたまがわ》』（1750〜76）

暴風と海との恋を見ましたか

鶴彬《つるあきら》（1925）

※反戦川柳作家・鶴彬の少年時代の句。「手と足をもいだ丸太にしてかへし」「万歳とあげて行った手を大陸へおいて来た」などの反戦川柳で知られる。

海よ、僕らの使ふ文字では、お前の中に母がゐる。そして母よ、仏蘭西《ふらんす》人の言葉では、あなたの中に海がある。

三好達治「郷愁」（『測量船』（1930）所収

※フランス語では「母」が“mère”で「海」が“mer”。

滄海月明らかにして珠に涙あり
（月が明るい夜、蒼《あお》い海で人魚が流す涙は真珠になるという）

李商隠「錦瑟」（唐代）

私の耳は貝の殻
海の響《ひびき》をなつかしむ

ジャン・コクトー「耳」
（堀口大學訳詩集『月下の一群』（1925）所収）

※原文の詩は"Cannes"（「カンヌ」）と題する6つの短詩からなる組詩の5番目であることから"Cannes V"と呼ばれる。訳者・堀口大學によって「耳」という題になった。

山
mountain

分け入つても分け入つても青い山

種田山頭火『草木塔』（1940）

葛の花　踏みしだかれて、色あたらし。この
山道を行きし人あり

釈迢空《しゃくちょうくう》（1924）

※「島山」の連作14首の一つ。釈迢空は民俗学者・折口信夫の歌人としての名前。

野ゆき山ゆき海辺ゆき
真ひるの丘べ花を藉《し》き
つぶら瞳の君ゆゑに
うれひは青し空よりも。

「少年の日」佐藤春夫（『殉情詩集』（1921）所収）

しぐるるやしぐるる山へ歩み入る

種田山頭火『草木塔』（1940）

天体
astral body

月
moon

あかあかやあかあかあかやあかあかや
あかあかやあかあかあかや月

明恵《みょうえ》『明恵上人歌集』（1248）

※川端康成のノーベル賞受賞講演で引用された和歌。英語版では“O bright, bright, O bright, bright, bright, O bright, bright. Bright,O bright, bright, Bright, O bright moon.”と訳された。

こんなよい月を一人で見て寝る

尾崎放哉（1924）

三五夜中　新月の色
二千里外　故人の心
（出たばかりの十五夜の月の光を、二千里離れた旧友はどんな思いで見ているだろう）

白居易「八月十五日夜、禁中独直対月憶元九」（810）

※遠方に左遷された友を思って詠んだ漢詩。『源氏物語』須磨巻で引用される。

月に愛を誓わないで。一月ごとに満ち欠けを繰り返す気まぐれな月のように、あなたの愛がうつろってしまわないように。

W・シェイクスピア『ロミオとジュリエット』（1597）

み空行く月の光にただ一目
相見《あいみ》し人の　夢にし見ゆる
安都扉娘子《あとのとびらおとめ》『万葉集』巻四・七一〇（奈良時代末期）

月が鏡であったなら
恋しあなたの面影を
夜毎うつして見ようもの
「忘れちゃいやョ」（最上洋作詞）
※渡辺はま子の昭和11年（1936）のヒット歌謡曲。内務省によって「官能的歌唱」を理由に発売禁止処分を受けた。

私は蝨《むし》の紹介者、
月の世界の下僕です。
中原中也「（月の光は音もなし）」未刊詩篇

盗むならラクダを、恋するなら月を
アラビア語のことわざ
※良いことも悪いことも、狙うなら大物を、という意味。

月よ
お前は地上の一切の出来事を
なにもかにも
光りのセロファン紙で
包まうとする
貧乏も、失恋も、饑餓《きが》も
たたかひも
小熊秀雄「月は地上を見てゐる」（『漂泊詩集』（1947）所収）

星

star

来て、やさしい夜。来て、いとしい漆黒の夜
私のロミオを連れてきて　彼が死んだら
返してあげる　きざんで小さな星くずにしてね
そしたら夜空は一面に美しく輝いて
世界じゅうの人が夜に恋をするでしょう
まぶしい太陽には目もくれず

> Come, gentle night, come, loving, black-brow'd night,
> Give me my Romeo; and, when he shall die,
> Take him and cut him out in little stars,
> And he will make the face of heaven so fine
> That all the world will be in love with night
> And pay no worship to the garish sun.

W・シェイクスピア『ロミオとジュリエット』(1597)

空にある星を一つ欲しいと思いませんか？　思わない？　そんなら、君と話をしない。

坂口安吾『ピエロ伝道者』(1931)

麒麟《きりん》闘ひて日月食し、鯨魚死して彗星《すいせい》出づ

（キリンが闘うと日蝕《にっしょく》や月蝕が起こり、クジラが死ぬと彗星が出る）

『淮南子《えなんじ》』巻三　天文訓（紀元前139）

※中国、前漢時代の思想書。淮南（わいなん）王の劉安（りゅうあん）が学者たちに各自の説を記録させたもの。

月をこそながめなれしか星の夜の
深きあはれを今宵知りぬる

（今まで月を見て物思いにふけってばかりいたけど、星空のよさを今宵初めて知った）

建礼門院右京大夫『建礼門院右京大夫集』（1186）

※作者は平清盛の娘・建礼門院に仕える。平家が没落し、恋愛関係にあった平資盛の死の翌年詠んだ歌。星空を「花の紙に箔（はく）をうち散らしたるよう似たり」（藍色（あいいろ）の紙に箔を散らしたようだ）と形容する詞書がある。

冬の夜の星君なりき一つをば云ふにはあらず
ことごとく皆

与謝野晶子「花の氷」（『冬柏』第7巻1号（1935））

※「花の氷」は亡くなった夫を思って詠んだ歌の草稿。

宇宙
space

ひょっとしたらこの宇宙は、何かの怪物の
歯の中にあるのかも知れぬ。

アントン・チェーホフ『チェーホフの手帖』（1918）（神西清訳）

「42」ディープ・ソートは果てしない威厳をもって穏やかに答えた。

ダグラス・アダムス『銀河ヒッチハイク・ガイド』（1979）

※「生命、宇宙、そして万物についての究極の疑問の答え」を知るためにハツカネズミたちが作ったスーパーコンピュータが750万年の計算の末に出した答え。

この無限の空間の永遠の静謐《せいひつ》が私を恐れさせる。

— Le silence éternel de ces espaces infinis m'effraie.〈仏〉

ブレーズ・パスカル『パンセ』（1670）

まずもろともにかがやく宇宙の微塵《みじん》となりて無方の空にちらばろう

宮沢賢治『農民芸術概論綱要』（1926頃）

天《あめ》の海に雲の波立ち月の舟
星の林に　漕《こ》ぎ隠る見ゆ

柿本人麻呂『万葉集』巻七・一〇六八（奈良時代末期）

※天を海、雲を波、たくさんの星を林、夜空を渡る半月を小舟に見立てた和歌。

地球

earth

地球はオレンジのように青い。

— La terre est bleue comme une orange.〈仏〉

ポール・エリュアール "L'amour la poésie"（「愛・詩」）（1929）

地球には皮膚があり、その皮膚は病気に冒されている。その病気のひとつはたとえば「人間」と呼ばれている。

Die Erde, sagte er, hat eine Haut; und diese Haut hat Krankheiten. Eine dieser Krankheiten heisst zum Beispiel: "Mensch." 〈独〉

フリードリヒ・ニーチェ『ツァラトゥストラかく語りき』（1885）

地球が遊星であり、輝きにおいて月を凌駕《りょうが》していること、世界の底によどんでいる汚い滓《かす》ではないことを示そう。

ガリレオ・ガリレイ『星界の報告』（山田慶児訳）

※ガリレオがラテン語で出版した最初の書籍。望遠鏡による観測に基づいた最初の科学的著作であり、ガリレオはこの記録に基づいて地動説を提唱することになる。原題は"Sidereus Nuncius（シデレウス・ヌンシウス）"。『星界の使者』とも訳される。

地球一万余回転冬日にこにこ

高浜虚子『七百五十句』（1954）

太陽
sun

ひとりの女が太陽を着て、足の下に月を踏み、その頭に十二の星の冠をかぶっていた。

新約聖書『ヨハネの黙示録』12章1節（石居正己訳）

極悪人のためにも太陽は昇る
—et sceleratis sol oritur〈ラテン〉

ルキウス・アンナエウス・セネカ『恩恵について』（1世紀）

彼女を見る　それから見失う
そしてぼくはぼくの痛みに耐える
冷たい水の中の小さな太陽のように
—Et je la vois et je la perds et je subis
Ma douleur, comme un peu de soleil dans l'eau
froide〈仏〉

ポール・エリュアール "Inconnue"（「未知」）（1926）

※「冷たい水の中の小さな太陽」は水の中に差し込むわずかな日差しのこと。フランソワーズ・サガンの小説のタイトルに引用された。

植物
plants

桜

cherry blossoms

桜の樹の下には屍体《したい》が埋まっている！
これは信じていいことなんだよ。何故って、桜の花があんなにも見事に咲くなんて信じられないことじゃないか。

梶井基次郎「桜の樹の下には」（1928）

花の季節になると、旅人はみんな森の花の下で気が変になりました

坂口安吾『桜の森の満開の下』（1947）

春風のはなをちらすと見るゆめは
さめてもむねのさわぐなりけり

西行『山家集』（平安時代末期）

あすありと思ふ心のあだ桜《ざくら》
夜は嵐の吹《ふか》ぬものかは
（明日も桜はあると思っていても、夜中に嵐がきて吹き散ってしまうかもしれない。私たちにも明日があるとは限らない）

親鸞（『親鸞聖人絵詞伝』（1800）所収）

※『親鸞聖人絵詞伝』では9歳のときの歌と伝わる。現在では「明日ありと思う心の仇桜夜半に嵐の吹かぬものかは」という形で知られる。

桜ばないのち一ぱいに咲くからに
生命《いのち》をかけてわが眺めたり

岡本かの子『桜』（１９２４）

薔薇《ばら》

rose

薔薇ノ木ニ
薔薇の花サク。
ナニゴトノ不思議ナケレド。

北原白秋「薔薇二曲」（『白金之独楽』（１９１４）所収）

薔薇が咲くのに理由はない。咲くべくして咲いている。薔薇は自分のことを気にしない。見られているかどうかも気にかけない。

アンゲルス・シレジウス "Cherubinischer Wandersmann"
（『ケルビムのようなさすらい人』）（１６５７）

バラはバラであるとは、バラはバラであるということだ。
―Rose is a rose is a rose is a rose.

ガートルード・スタイン "Sacred Emily"
（「聖なるエミリー」）（『地理と戯曲』（１９２２）所収）

※単なるものの名前がさまざまなイメージを含意することを否定し、バラはバラでしかないとする。「ものごとはあるがままである」という文脈でよく引用される。

先生は、私の下着に薔薇の花の刺繡のあることさえ、知らない。

太宰治『女生徒』（１９３９）

菫《すみれ》

violet

菫程な小さき人に生れたし

夏目漱石（１８９７）

かたまつて薄き光の菫かな

渡邊水巴『白日』（１９３６）

紫陽花《あじさい》

hydrangea

こころをばなににたとへん
こころはあぢさゐの花
ももいろに咲く日はあれど
うすむらさきの思ひ出ばかりはせんなくて。

萩原朔太郎「こころ」（『純情小曲集』（１９２５）所収）

紫陽花やきのふの誠けふの嘘《うそ》

正岡子規（１８９３）

黄昏《く》れてゆくあぢさゐの花にげてゆく

富澤赤黄男《かきお》『天の狼《おおかみ》』（１９４１）

その他の花

other flowers

てぃんさぐぬ花や爪先《ちみさち》に染《す》みてぃ　親《うや》ぬ諭《ゆ》し
言《ぐとぅ》や肝《ちむ》に染《す》みり
（ホウセンカの花は爪に染め、親の教えは心
に染めよ）

沖縄民謡「てぃんさぐぬ花」

美しや紅の色なる梅の花
あこが顔にもつけたくぞある
（梅の花って紅の色みたいできれい。あこの
顔にもつけてみたいな）

菅原道真

※阿呼（あこ）は道真（845〜903）の幼名。5歳のときに詠んだ和歌として北野天満宮の楼門に掲げられている。

春の苑紅《そのくれない》にほふ桃の花
下照る道に出で立つ娘子《おとめ》

大伴家持『万葉集』巻一九・四一三九（奈良時代末期）

手に取るなやはり野におけ蓮華草《れんげそう》

瀧瓢水《たきひょうすい》

※瀧瓢水は江戸時代中期の俳人。句は『続近世畸人伝』（三熊思孝編集、1798）より。野に咲いているからこそ美しいレンゲのように、無理に今いる場所から引き離そうとしないほうがよいというたとえ。

菜の花や小窓の内にかぐや姫

建部巣兆《そうちょう》『曾波可理』（1817）

花全般
flowers

ぽかんと花を眺めながら、人間も、本当にいいところがある、と思った。花の美しさを見つけたのは、人間だし、花を愛するのも人間だもの。

太宰治『女生徒』(1939)

花はその花のやうに

千利休「利休七則」

※茶道を大成させた千利休(1522~91)の言葉として伝わるもので、その花の命をいかすように活けなさいということ。「花は野にあるように」という形でも伝わる。

茸《きのこ》
mushroom

爛々《らんらん》と昼の星見え菌《きのこ》生え

高浜虚子「六百五十句」(1947)

キノコと名乗ったからにはかごに飛び込め。

―Назвался груздём, полезай в кузов.〈露〉

ロシアのことわざ

※自分でできると言ったのなら約束通り実行せよという意味。

奥山に淋しく立てるくれなゐの木の子は人の命取るとふ

正岡子規(1898)

動物
animals

猫
cat

夜にはすべての猫が灰色だ。
―La nuit, tous les chats sont gris.〈仏〉

フランスのことわざ

※暗いところでは物を見分けるのが難しいことのたとえ。

月夜の水を猫が来て飲む私も飲まう

種田山頭火（1921）

私は子供のときから、猫の耳というと、一度「切符切り」でパチンとやってみたくて堪まらなかった。

梶井基次郎『愛撫』（1930）

私はゴロッと仰向きに寝転んで、猫を顔の上へあげて来る。二本の前足を掴《つか》んで来て、柔らかいその蹠《あしのうら》を、一つずつ私の眼蓋《まぶた》にあてがう。快い猫の重量。温かいその蹠。私の疲れた眼球には、しみじみとした、この世のものでない休息が伝わって来る。

梶井基次郎『愛撫』（1930）

猫と遊んでいるときも、私が猫で暇つぶしをしているのか、猫が私で暇つぶしをしているのかわからない。

Quand je me jouë à ma chatte, qui sçait, si elle passe son temps de moy plus que je ne fay d'elle ?〈仏〉

ミシェル・ド・モンテーニュ『エセー』(1580)

私の家にいてほしいもの
理性のある女一人と
本の間をすりぬける猫一匹

Je souhaite dans ma maison :
Une femme ayant sa raison,
Un chat passant parmi les livres,〈仏〉

ギヨーム・アポリネール"Le Chat"(「猫」)(『動物詩集』(1911)所収)

好奇心は猫を殺す。

Curiosity killed the cat.

イギリスのことわざ

※強すぎる好奇心が身を滅ぼすという意味。

スリツパを越えかねてゐる仔猫かな

高浜虚子『定本虚子全集 第1巻』(1948)

まつくろけの猫が二疋《ひき》、
なやましいよるの家根のうへで、
ぴんとたてた尻尾のさきから、
糸のやうなみかづきがかすんでゐる。
『おわあ、こんばんは』
『おわあ、こんばんは』
『おぎやあ、おぎやあ、おぎやあ』
『おわああ、ここの家の主人は病気です』

萩原朔太郎「猫」（『月に吠える』（１９１７）所収）

くどかれて娘は猫にものをいひ

『誹風柳多留《はいふうやなぎだる》』（１７６５〜１８４０）

私は今もなお固く心に信じている。あの裏日本の伝説が口碑《こうひ》している特殊な部落。猫の精霊ばかりの住んでる町が、確かに宇宙の或る何所かに、必らず実在しているにちがいないということを。

萩原朔太郎『猫町』（１９３５）

私は猫に対して感ずるような純粋なあたたかい愛情を人間に対していだく事のできないのを残念に思う。そういう事が可能になるためには私は人間より一段高い存在になる必要があるかもしれない。

寺田寅彦「子猫」（１９２３）

心有必寧知我乎。猫乃歎息挙首仰睨吾顔。似咽心盈臆口不能言。
（「心があるならきっと私のことをわかってくれるよね」と話しかけると、猫はためいきをついて私の顔を見上げる。何か言いたげだけど話してはくれない）

宇多天皇『寛平御記』

※宇多天皇（867~931）は飼っていた黒猫の美点を日記に記していた。飼い猫の記録としては日本最古とされる。

たとへ白日の下でも、夜の一と塊りで作られた猫がゐるものだ

フランシス・ジャム「古い屋敷の夜」（1928）（三好達治訳）

黒い猫でも白い猫でも鼠《ねずみ》を捕るのが良い猫だ。
不管黒猫白猫　捉到老鼠就是好猫〈中〉

鄧小平《とうしょうへい》（1960年代頃）

※社会主義国家である中国に市場経済原則を導入する試みに対する批判や疑問への応答。黒い猫と白い猫を計画経済と市場経済に、鼠を経済発展にたとえたもの。猫理論とも呼ばれる。手段はなんでも目的を達成できればいいということのたとえに用いられる。

猫は美しい王女になっても、鼠をとることをやめない
die Katze läßt das Mausen nicht, auch wenn sie eine schöne Prinzessin geworden〈独〉

ルートヴィヒ・ベルネ『断片と警句』（1829）

※習慣は変えられないことのたとえ。ドイツの政治ジャーナリスト・文芸批評家であるベルネ（1786~1837）はパリの七月革命にあこがれてフランスに移住し、生涯にわたり共和主義的信念を守った。

猫の流動学について

―On the theology of cats

マーク＝アントワン・ファルダン（2014）

※「猫は固体かつ液体になれるのか」という疑問を流動学で検証し、老猫のほうが子猫より流動性が高いことを突き止めた2017年度イグノーベル賞受賞論文。

あらざらむこの世の中の思ひ出に
今一度《ひとたび》は猫無くもがな

「猫の草子」（『御伽草子』（江戸時代初期）所収）

※慶長7年（1602）に猫を放し飼いにする法令が出たという史実に基づいて作られたおとぎ話。京から逃げる鼠たちが残していった3種の和歌のうちの一つ。

うき友にかまれてねこの空ながめ

向井去来『猿蓑』（1691）

※好きな猫にかみつかれた猫が呆然と空を眺めているようす。

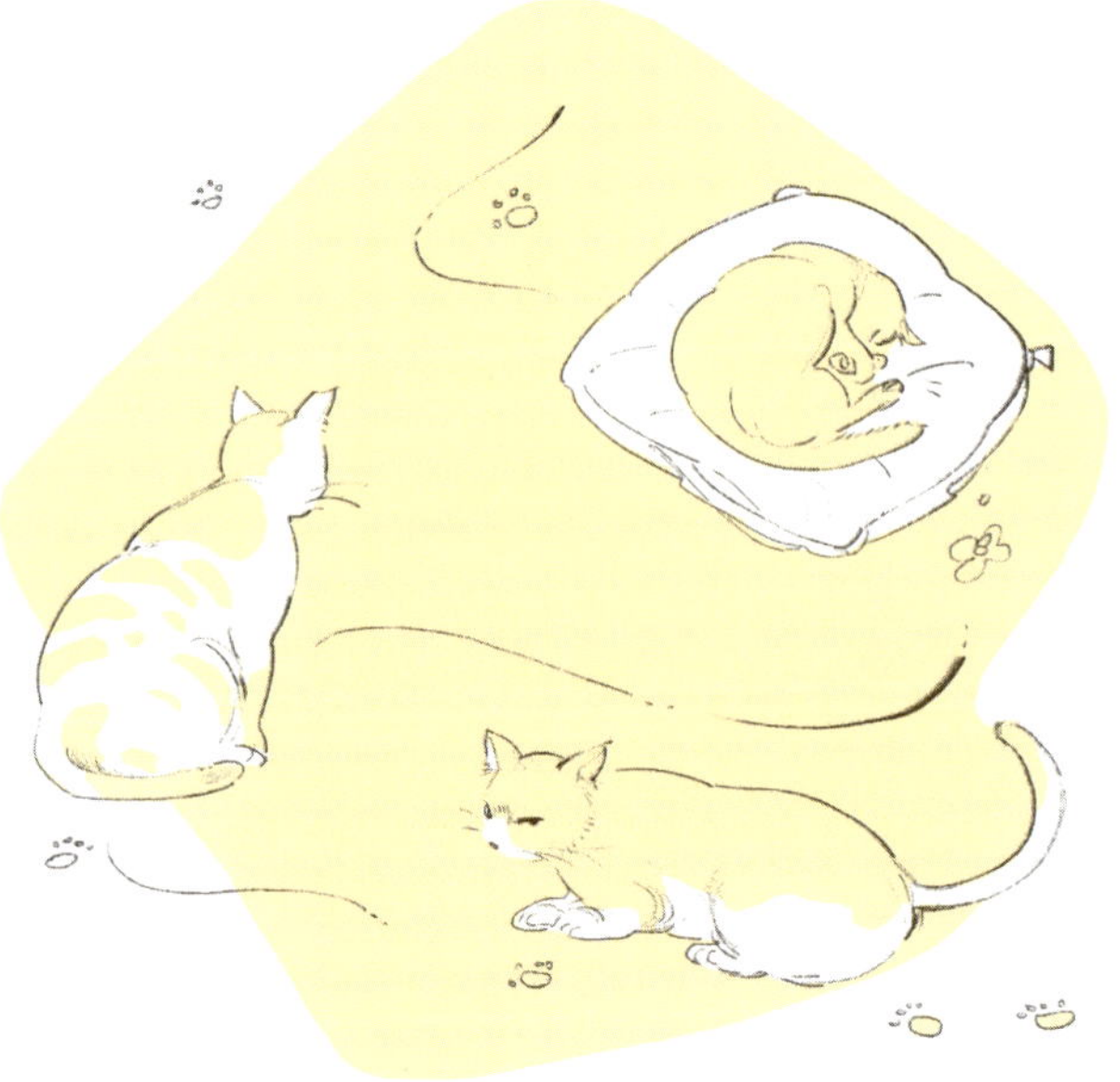

犬

dog

のをあある　とをあある　やわあ

「犬は病んでゐるの？　お母あさん。」
「いいえ子供
犬は飢ゑてゐるのです。」

萩原朔太郎「遺伝」（『青猫』（1923）所収）

私は、犬に就いては自信がある。いつの日か、必ず喰《く》いつかれるであろうという自信である。

太宰治「畜犬談」（1939）

犬は吠えるがキャラバンは進む

中東のことわざ

※中傷に耳を傾けずに自分の道を歩もう、言いたいやつには言わせておけ、といった意味。キャラバンとは、砂漠を隊を組んで行く商人の一団のこと。

犬と狼《おおかみ》の間に
―entre chien et loup〈仏〉

フランスの慣用表現

※犬と狼の区別がつかないくらい日が落ちてきた時間帯の比喩表現。

路傍《みちばた》に犬ながながと呿呻《あくび》しぬ
われも真似《まね》しぬ
うらやましさに

石川啄木『一握の砂』（1910）

羊 sheep

覚えていろよ。綿細工め。

芥川龍之介「動物園」（1920）

鳥 bird

鳩の怒りを恐れよ。

—Craignez la colère de la colombe.〈仏〉

フランスのことわざ

※ふだん穏やかな人の怒りこそ恐ろしいという意味。

ツグミがいなければ、黒歌鳥《くろうたどり》を食べる。

—Faute de grives on mange des merles.〈仏〉

フランスのことわざ

※ありあわせのものでがまんすること。

十字架の代わりに、アホウドリが
私の首にかけられた

—Instead of the cross, the Albatross
About my neck was hung.

サミュエル・テイラー・コールリッジ

"The Rime of the Ancient Mariner"（「老水夫の歌」）（1798）

※船が嵐にあい、老水夫はアホウドリを射殺する。罰として首にかけられたアホウドリの死骸が、呪いのためにとれなくなってしまう。そこから、「首にまとわりつくアホウドリ」が「ずっとまとわりつく重荷」を意味するようになった。

駝鳥《だちょう》の眼は遠くばかり見てゐるぢゃないか。
身も世もない様に燃えてゐるぢゃないか。
瑠璃色の風が今にも吹いて来るのを待ちか
　まへてゐるぢゃないか。
あの小さな素朴な頭が無辺大の夢で逆《さか》まい
　てゐるぢゃないか。
これはもう駝鳥ぢゃないぢゃないか。
人間よ、
もう止《よ》せ、こんな事は。

高村光太郎「ぼろぼろな駝鳥」（1928）

ペリカンは秋晴れよりもうつくしい

富澤赤黄男《かきお》（『現代俳句』第3巻（1940））

雲雀《ひばり》はきっと雲の中で死ぬに相違ない。登り詰めた揚句《あげく》は、流れて雲に入《い》って、漂うているうちに形は消えてなくなって、ただ声だけが空の裡《うち》に残るのかも知れない。

夏目漱石『草枕』（1906）

三千世界の烏《からす》を殺しぬしと朝寝がしてみたい

高杉晋作（幕末）

※高杉晋作が遊郭の遊女に即興で歌ったとされる都々逸(どどいつ)。

ペンギン

お前は落魄《らくはく》した給仕人だ。

芥川龍之介「動物園」（1920）

羽のあるいいわけほどはあひる飛ぶ

呉陵軒可有（1771）

※京成電鉄上野駅正面口横にある金のアヒル像を載せた「誹風柳多留発祥の地」記念句碑（平成27年（2015）設置）に添えられた川柳。作者の呉陵軒可有は『誹風柳多留』の編者。飛べない鳥と言われているアヒルだってそれなりに飛べる、凡人でもジタバタすればそれなりには飛べるということ。

ダチョウの方策

politique de l'autruche〈仏〉

フランスのことわざ

※危険を直視しない態度のたとえ。外敵に追われたダチョウが砂の中に頭を隠して安心しようとするという俗説から。

蛇のごとく慧《さと》く、鳩のごとく素直なれ

新約聖書『マタイによる福音書』10章16節

さすがに文鳥は軽いものだ。何だか淡雪の精のような気がした。

夏目漱石『文鳥』（1910）

水生動物

aquatic animal

蛸壺《たこつぼ》やはかなき夢を夏の月

松尾芭蕉『笈《おい》の小文』（1690〜91頃）

※前書きに「明石夜泊」とある。明石に滞在している芭蕉が、夏の月が蒼白い光を投げかける海原を見つめながら、その海の底で明日の命をもしれない蛸がはかない夢を見ているだろうと想像する幻想的な俳句。

蝶《ちょう》

butterfly

憂きことを海月《くらげ》に語る海鼠《なまこ》かな

黒柳召波『春泥発句集』（1777）

ナマコを信じるな

ミクロネシアのことわざ

※大きなナマコを捕まえても、市場に運ぶまでに水分が出て小さくなってしまうことから、人を見かけで判断するなという意味。

二つ折りの恋文が、花の番地を捜している。

ジュール・ルナール『博物誌』（1896）（岸田國士訳）

蝶墜ちて大音響の結氷期

富沢赤黄男『天の狼』（1941）

てふてふが一匹韃靼《だったん》海峡を渡つて行つた。

安西冬衛「春」（『軍艦茉莉』（1929）所収）

おなかのなかに蝶がいる。

— Avoir des papillons dans le ventre.〈仏〉

フランスの慣用表現

※恋をして胸がときめくことの比喩。

うつつなきつまみごころの胡蝶哉《こちょうかな》

与謝蕪村『蕪村句集』（1784）

その他の虫

other insects/bugs

烏毛虫《かはむし》の、心深きさましたるこそ心にくけれ

（毛虫の思慮深そうなところがたまらない）

「虫めづる姫君」『堤中納言物語』（平安時代後期）

恋に焦がれて鳴く蟬《せみ》よりも、鳴かぬ蛍が身を焦がす

『山家鳥虫歌』（1772）

猫の子に嗅《かが》れて居るや蝸牛《かたつぶり》

椎本才麿《さいまろ》『陸奥衛《むつちどり》』（1697）

舞《ま》へ舞へ蝸牛《かたつぶり》　舞はぬものならば馬の子や牛の子に蹴ゑ《く》させてん

『梁塵秘抄』巻第二・四句神歌　雑（平安時代末期）

宿までかまきりついてきたか

種田山頭火『行乞記《ぎょうこつき》』（1930）

あなたのお臀《しり》は

鳴くごとにうまく動く、

あなたは何の天才ですか。

室生犀星「令嬢ミンミン」（『続　女ひと』（1956）所収）

鬼・妖怪

demon/monster

願わくはこれを語りて平地人を戦慄《せんりつ》せしめよ

柳田國男『遠野物語』(1910)

※河童など岩手県遠野地方の伝承をまとめた民俗学の書(明治43年発表)の序文に記された言葉。「平地人」とは近代化された都市の住民のこと。

ココロノ　ヤサシイ　オニノ　ウチデス。
ドナタデモ　オイデクダサイ。
オイシイ　オカシガ　ゴザイマス。
オチャモ　ワカシテ　ゴザイマス。

浜田廣介『泣いた赤鬼』(1935)

※学校教科書にも採用された有名な童話。山の中に住む心優しい赤鬼が、人間と仲良くなるためにこの文を立て札に書き、家の前に立てておいたが、人間たちに疑われて誰にも遊びにきてもらえない。

男の死霊聞分けがよき

『誹諧《はいかい》武《む》玉川《たまがわ》』(1750〜76)

河童《かわたろ》の恋する宿や夏の月

公達《きんだち》に狐化《ばけ》たり宵の春

与謝蕪村『蕪村句集』(1784)

子、怪力乱神を語らず
(孔子はオカルト、暴力、無秩序、スピリチュアルについて語らなかった)

『論語』

参考文献

- 『新編　日本古典文学全集』小学館、1994～2002年
- 飯田龍太ほか編『日本名句集成』学燈社、1991年
- 岩波文庫編集部 編『原文対照古典のことば—岩波文庫から—』岩波書店、1995年
- 岩波文庫編集部 編『ことばの花束　岩波文庫の名句365』岩波書店、1984年
- 岩波文庫編集部 編『ことばの贈物　岩波文庫の名句365』岩波書店、1985年
- 岩波文庫編集部 編『ことばの饗宴　読者が選んだ岩波文庫の名句365』岩波書店、1986年
- 江川卓ほか著『世界の故事名言ことわざ　総解説』改訂第9版、自由国民社、2009年
- 梶山健 編著『世界名言大辞典』明治書院、1997年
- 鎌田正・米山寅太郎『漢詩名句辞典』大修館書店、1980年
- 北原保雄ほか著『日本国語大辞典　第2版』小学館、2003年
- 三省堂編修所 編『三省堂実用　名言名句の辞典　新装版』三省堂、1994年
- 正津勉『詩人の愛　百年の恋、五〇人の詩』河出書房新社、2002年
- 西洋古典叢書編集部 編『西洋古典名言名句集』京都大学学術出版会、2023年
- 中道風迅洞『風迅洞私選　どどいつ万葉集』徳間書店、1992年
- 野津寛 編著『ラテン語名句小辞典』研究社、2010年
- 半藤一利『名言で楽しむ日本史』平凡社ライブラリー、2010年
- 村松定孝 編『近代作家名文句辞典』東京堂出版、1990年
- ロバート・アープ 責任編集、大野晶子・高橋知子・寺尾まち子 訳『世界の名言名句1001』三省堂、2018年
- 『日本史「名言名句」総覧（別冊歴史読本14　事典シリーズ39）』新人物往来社、1999年
- 竹村和朗「エジプト口語アラビア語の諺—「異文化」を見る窓として—」（『アジア・アフリカ言語文化研究』82巻、145–217頁、2011年）
- 奈良県立万葉文化館「万葉百科」（https://manyo-hyakka.pref.nara.jp/db/）

本書で引用した作品のなかには、今日の観点から見ると差別的な表現が用いられているものがいくつかあります。これらの差別的表現につきましては、それぞれの作品が成立した時代の社会状況、また各作品の文学的な価値を鑑み、原文のままといたしました。

差別を助長する意図がないことを読者のみなさまにご理解いただけましたら幸いです。

（編集部）

堀越 英美（ほりこし　ひでみ）

1973年生まれ。文筆家。早稲田大学第一文学部卒。著書に『エモい古語辞典』（朝日出版社）、『紫式部は今日も憂鬱』（扶桑社）、『親切で世界を救えるか』（太田出版）、『女の子は本当にピンクが好きなのか』（Pヴァイン／河出文庫）、『スゴ母列伝』（大和書房）、『モヤモヤしている女の子のための読書案内』（河出書房新社）など、翻訳書に『ギタンジャリ・ラオ　STEMで未来は変えられる』（くもん出版）、『自閉スペクトラム症の女の子が出会う世界』（河出書房新社）、『「女の痛み」はなぜ無視されるのか?』（晶文社）、『自閉スペクトラム症の人たちが生きる新しい世界』（翔泳社）、『世界は私たちのために作られていない』（東洋館出版社）など。

ささる引用フレーズ辞典

2025年1月5日　初版第1刷発行

著者 —— 堀越英美
イラスト —— 与
発行者 —— 池田圭子
発行所 —— 笠間書院
〒101-0064
東京都千代田区神田猿楽町2-2-3
電話：03-3295-1331
FAX：03-3294-0996

アートディレクション —— 細山田光宣
装幀・デザイン — 鎌内文（細山田デザイン事務所）
本文組版 —— キャップス
印刷・製本 —— 平河工業社

ISBN 978-4-305-71032-1

https://kasamashoin.jp